민주주의 위기

: 글로벌 추세와 한국의 현황

민주주의 위기

글로벌 추세와 한국의 현황

조찬수, 권혁용 지음

정치연구총서 04

● REC

00:00:00

HD

버니온더문

◆ 들어가는 말 ◆

21세기에 들어와서 민주주의 위기에 관한 책을 쓴다는 것은 참으로 안타까운 일이다. 저자들처럼 대학시절에 민주화를 경험한 세대에게는 지금의 민주주의 퇴행이 너무도 속상한 일이다. 권위주의 통치에서 벗어난 지 40년이 가까워오지만 한국 민주주의는 선출직 공무원들을 골라내는 방식 이상의, 정치공동체 관리시스템으로 제 기능을 하고 있다고 보기 어렵다. 문제는 이게 한국에 국한된 현상이 아니라는 데 있다. 미국처럼 오래된 민주주의도 트럼프 이후 처참히 망가지는 중이다. 비례대표제 같은 나름 더 민주적이라는 선거제도를 쓰는 서유럽 국가들에서도 포퓰리즘의 역풍은 거세다. 한국처럼 민주화의 세 번째 물결에 속하는 나라들 가운데 민주주의 퇴행 사례는 계속 늘어나고 있고 그 증상도 심각한 경우가 많다. 왜 이렇게 된 것일까? 이 책은 그 답을 찾기 위해 지난 10여 년 동안 축적된 정치학의 주요 연구결과들을 소개하고, 한국에 대해서는 최소한의 해법을 제시한다.

설령 민주주의 위기가 계속된다고 해도 그게 먹고사는 문제와 무슨 상관이냐고 생각하는 이도 있을 것이다. 민주주의를 걱정할 시간에 어떻게 하면 돈을 더 벌 수 있을지, 이번 주말에는 '소확행'을 어떻게 구현할지 궁리하는 것이 합리적이지 않은가? 어차피 각자도생이 세상이치 아니었는가 말이다. 그리 마음먹으면 속은 편하겠지만 잠시 현실을 피하는 방책일 뿐이다. 민주주의가 망가질 때 최대피해자는 결국 일반시민, 이른바 서민이다. 민주주의는 먹고사는 문제와 깊숙이 연결되어 있다. 일급의 사회과학 연구들은 민주주의가 잘 작동하는 나라일수록 경제성장이 지속될 뿐만 아니라 더 높은 단계의 경제로 진입한다는 것을 증명하고 있다. 민주주의는 소득과 부의 불평등을 제어하는 데도 가장 효과적인 정치체제임을 역사가 증명한다. 문화와 라이프 스타일의 영역에서도 민주주의는 다양성과 소수의 선택을 존중하는 최선의 정치적 방벽이다. 민주주의는 대다수 보통사람들에게 실존의 문제다.

이 책은 두 챕터로 구성되었다. 1장은 민주주의가 세계적 규모의 위기에 처한 것으로 파악하고, 그 원인을 국제정치와 미국정치의 관점에서 설명한다. 민주주의 붕괴 연구와 민주화 연구는 모두 비교정치, 즉 국내정치현상을 설명대상으로 삼는 분야의 소산이었다. 민주주의가 정치체제의 한 유형이고, 정치체제의 지리적 범위는 아직까지는 국민국가의 경계와 일치하기 때문에 민주주의에 관한 경험연구를 비교정치학자들이 주로 하는 것은 당연하다. 그래서 현재의 민주주의 퇴행 문헌도 대부분 비교정치학자들의 연구로 이루어져 있다. 그런데 민주주의는 국제정치 현상이기도 하다. 민주화의 세 번째 물결은 냉전 종식을 계기로 절정에 달한다. 미국이 유일한 초강대국으로 우뚝 선 단극체제는 민주주의 확산에 그 어느 국제질서보다도 유리한 환경이었다. 동시에 단극체제는 미국의 과잉팽창을 야기했고, 그 과정에서 미국은 패권 추구에 필수적인 국내적 합의기반을 다지지 못했다. 1990년대 이후 "신자유주의 질서"(Gerstle 2022)하에서 미국의 경제적 불평등은 급속히 심화되었고, 민주-공화 양당은 정체성정치에 몰입했다. 그 결과는 지금 우리가 목도하는, 악성적 단계에 이른 정치양극화다. 미국 민주주의의 퇴행은 미국 주도 자유주의 국제질서 교란으로 이어진다. 미국은 그냥 힘이 제일 센 나라가 아니라 민주주의 모델을 제공했던 나라이기 때문이다. 요컨대 민주주의 퇴행은 글로벌 현상이다.

2장은 민주적 선거를 통해 선출된 집권자가 어떠한 방식으로 민주주의 가치와 규범을 내부로부터 서서히 잠식하고 훼손해 가는지를 다룬다. 비교정치학 연구들에서 제시한 민주주의 퇴행의 개념과 분석틀들을 소개하고, 이를 활용해서 최근 한국정치에서 관측되는 여러 가지 우려되는 현상들이 민주주의 퇴행의 과정을 나타내는 것인지 진단한다. 양극화, 혐오와 배제의 정치, 강성지지층에 끌려가는 정당, 무력한 국회 등 한국정치에서 최근 자주 언급되는 "퇴행적 현상"의 원인과 구조, 그리고 작동방식에 대해 설명한다. 민주주의 퇴행은 정치엘리트들에 의한 위로부터의 동원 과정(top-down)과 시민대중들의 아래로부터의 지지(bottom-up)가 맞물려서 서서히 진행되어 간다. 경제적 불평등이 심화되고, 자산 소득의 격차가 양극화되며, 좋은 교육과 좋은 일자리에 대한 접근 기회가 소수 계층에 집중된 사회경제적 현실과 민주주의 위기라는 정치적 현상은 서로 분리해서 이해할 수 없다. 신자유주의의 아이디어와 정책이 지배했던 1980년대 이후 심화된 경제적 불평등이 서서히 불평등한 민주주의로 이어졌고, 이어서 민주주의 위기로 나타났다. 문제는 정치다. 그 정치의 결과로 시민들이 겪게 되는 일상이 만들어진다. 힘들고 팍팍한 일상이 민주주의 위기로 이어지기 쉽다. 민주주의 위기를 극복할 수 있는 대안은 결국 다시 정치다.

우리 두 사람은 같은 대학, 같은 학과에 같은 해 입학한 동기생이다. 민주화와 냉전 종식을 학부와 대학원을 다니면서 목도했고, 유학시절에 세계화 초기국면을 경험했다. 세 가지 모두 당시 우리에게는 새 세상이 열리는 좋은 변화였다. 후자의 두 가지가 결합됨으로써 경쟁상대 없는 미국식 자본주의의 독주가 우려되기는 했으나 민주주의로 제어될 수 있을 것 같았다. 민주화, 냉전 종식, 세계화는 약간의 시차는 있지만, 대체로 1980년대 후반에서 1990년대 전반에 걸친 거대한 변화의 사슬이었다. 사회과학, 그 가운데서도 정치학을 공부하는 우리에게 이 세 가지 변화를 20대에 한꺼번에 경험할 수 있었다는 것은 큰 행운이었다. 격변하는 세상만큼 사회과학자에게 좋은 관찰대상은 없다. 우리가 만약 1933년 베를린이나 1973년 산티아고에서 대학을 다녔어도 사회과학자로서 좋은 공부거리들이 매일같이 강의실 밖 거리에서 쏟아졌을 것이다. 민주주의 붕괴에 관한 중요한 이론들이 그 시대를 살았던 학자들에 의해 만들어졌다. 하지만 그 시절에 살았음을 누구도 행운이라고 말할 수는 없을 것이다. 온 세상이 어둠이었기 때문이다. 우리의 학창시절은 물론 적잖은 사람들의 희생이 있기는 했으나 희망을 품고 전진하던 때였다. 민주화, 냉전 종식, 세계화는 서로 긍정적 영향을 주고받는 관계에 있었다. 신자유주의 질서 30년 만에 그 삼위일체가 깨어지는 것을 지금 우리는 보고 있다.

한국의 민주주의 퇴행은 글로벌 추세와 공유하는 부분들도 있지만, 한국만의 독특한 사정에서 비롯되는 요소들도 포함한다. 신자유주의 세계화의 혜택을 별로 받지 못하는 소외집단이 한국에도 당연히 있다. 젠더, 성적 취향, 개고기 식용 등을 두고 문화전쟁 비슷한 것도 한국에서 관찰된다. 그러나 한국은 미국과 서유럽의 포퓰리스트 백래시에서 결정적 역할을 하는 인종, 종교, 이민 등의 문제가 사실상 없는 나라다. 한국은 문화전쟁을 운위하기에는 여전히 너무 동질적인 사회다. 경제적 불평등도 세계화로 인한 승자와 패자의 갈림보다는 발전주의 국가의 주도하에 이루어진 신자유주의화가 낳은 이원적 노동시장의 문제에 더 가깝다. 그럼 한국의 민주주의 퇴행은 어디서 비롯되는 것일까? 북핵을 중심으로 한 북한문제, 일제강점기부터 군부권위주의 통치에 이르기까지 근현대

사에 대한 인식 문제가 한국식 정치양극화의 핵심연료 역할을 한다. 먹고사는 문제에 집중하기보다는 감정을 건드리는 이슈들로 쉽게 표를 얻고자 하는 정치인들의 인센티브가 작동하기에 최적인 환경이다. 이런 환경을 바꾸지 않고서는 민주주의 퇴행은 계속될 것이다. 이 책이 독자들에게 위기에 처한 민주주의를 어떻게 지켜야 할지를 고민하는 출발점이 되었으면 좋겠다.

조찬수가 집필한 제1장은 "민주주의 위기는 왜 글로벌 현상이 되었는가? "신자유주의 질서"의 정치적 침식"(2022년 11월 5일 코리아컨센서스연구원–고려대 한국사회연구소 공동 학술대회); "냉전 초기 미국패권과 자유주의 국제경제질서"(2023년 2월 24일 한국냉전학회–광주과학기술원–이화여자대학교 공동주최 학술회의); "인권정치와 민주주의 위기: 정체성, 불평등, 그리고 백래시"(2023년 11월 17일 한신대 한반도평화학술원–고려대 정치연구소 SSK 양극화연구센터 공동 학술회의), 이 세 편의 초고들을 바탕으로 작성되었다.

권혁용이 집필한 제2장은 2022년 코리아컨센서스연구원–고려대 한국사회연구소 공동 학술대회와 고려대 SSK 양극화연구센터–한국선거학회 공동 학술회의에서 발표된 논문을 초기 버전으로 해서 『한국정치학회보』 57집 1호 (2023): 33-58에 실린 "한국의 민주주의 퇴행"과 『한국정치학회보』 57집 2호 (2023): 7-31에 실린 "한국의 경제적 불안과 민주주의 퇴행"을 바탕으로 작성되었다. 연구

과정에서 함께 작업한 박찬혁(워싱턴대학교(세인트루이스) 정치학과 박사과정) 님과 엄준희(고려대학교 정치외교학과 석사과정) 님에게 감사의 말을 전한다.

2024년 1월
조찬수, 권혁용

정치연구총서 04

CONTENTS

2장
한국 민주주의는 퇴행하고 있는가?

정치연구총서 04

1장
민주주의 위기: 세계와 미국

민주주의 위기의
의미

세계적 규모의 민주주의 위기

세계적 규모의 민주주의 위기라는 말을 쓸 수 있다고 치자. 그 말은 무엇을 의미하는가? 두 가지 의미가 있다. 첫째, 민주주의 국가들의 수가 현격히 줄어드는 것을 가리킨다. 둘째, 민주주의가 무너지지는 않았지만 그 질이 나빠진 나라들이 많아지는 것을 가리킨다. 첫째 의미로 민주주의 위기를 이해하는 이들이 적지 않을 것이다. 원래 민주주의였던 체제가 무너지고 그 자리에 권위주의가 들어서는 것을 '민주주의 붕괴'(democratic breakdown)라고 부른다. 그런 일이 한 나라 또는 가까이 이웃한 몇몇 나라들에 국한되지 않고 세계 곳곳에서 일어날 때 그것은 분명히 세계적 규모의 민주주

의 위기다. 이에 근접하는 경험적 사례들은 두 역사적 시기에 걸쳐 관찰된다. 하나는 1922년 10월 로마 진군(Marcia su Roma)으로 시작하여 1933년 1월 히틀러가 독일 총리로 임명되면서 정점에 달한 유럽 파시즘의 확산이었다. 민주주의 붕괴는 유럽 이외의 대륙들에서도 발생했다. 일본의 1920년대 다이쇼 데모크라시(大正デモクラシー)는 1930년대 초 군국주의로 대체되었다. 비슷한 시기에 브라질, 아르헨티나, 우루과이에서도 권위주의 체제가 들어섰다. 이를 첫 번째 '역(逆)물결'(reverse wave)이라고 부른다(Huntington 1991, 17-18). 다른 하나는 1960년대와 1970년대에 제3세계, 특히 라틴 아메리카에서 빈발했던 권위주의 체제 등장이다. 한국의 박정희 정권도 여기에 속한다.

　냉전기에 발생한 민주주의 붕괴, 즉 두 번째 역물결은 초헌법적인 무력사용에 의한 경우가 많았다. 1973년 칠레 아옌데(Salvador Allende) 정부가 군부 쿠데타로 무너진 것이 대표적인 사례다. 반면에 양차대전 사이의 파시스트 체제 수립은 무력시위를 수반하기는 했으나 기존 민주주의의 틀 안에서 진행되었다. 이탈리아 파시스트들은 연립정부의 한 부분으로서 권력장악을 시작했다(Payne 1980, 68). 나치당의 권력장악 역시 1932년과 1933년에 치러졌던 일련의 의회선거들이 낳은 결과였다. 첫 번째 역물결의 교훈은 독재는 선출될 수 있다는 것이다. 역사적 유추의 남용은 피해야 하는 것이지만, 트럼프(Donald J. Trump)의 기행(奇行)을 보면서 1930년대 유럽의 비극을 떠올리지 않을 수 없는 이유가 바로 여기에 있다.

냉전 종식은 70여 년에 걸친 사회주의 실험의 실패를 의미했고, 동시에 미-소 양극체제가 미국이 유일한 초강대국인 단극체제로 바뀌었음을 의미했다. 구 사회주의권 국가들은 서방진영의 자본주의 시장경제와 더불어 민주주의 제도를 받아들였다. 제3세계 권위주의 통치자들은, 미국이 그다지 내키지도 않았던 후진국 독재 비호를 했던 이유, 즉 세계공산주의 봉쇄라는 지상과제가 사라진 환경에서, 민주화를 힘으로 막기 어려움을 깨달았다. 그 결과 1973년에 24.6%이었던 민주주의 국가 비율은 1990년에 45.4%로 높아졌다(Huntington 1991, 26). 이렇게 급증한 민주주의 국가들 대다수는 민주주의의 외양은 걸치고 있으나 민주주의 심화 또는 공고화에 필수적인 자유주의적 요소들이 제대로 갖춰지지 않은 나라들이었다. 당연지사였고 시간이 해결해줄 것으로 미국을 비롯한 서방국가들은 여겼다. 설령 신생민주주의 국가들이 서구 선진민주주의 국가들의 표준에 근접하지 못한다 해도 냉전의 승자들이 걱정할 일이 아니었다. 후발 민주주의 국가들에게는 다른 대안이 없으니까. 하지만 그것은 착각이었다. 자유주의 기반이 허약한 나라들의 수는 아직도 별로 줄어들지 않았다. 그리고 그런 나라들 가운데 적잖은 곳에서 서구 선진국의 정치체제가 정답이라고 여겨지지 않는다.

　법치와 헌정주의, 개인과 소수자의 권리 보호, 권력기관들 간의 상호견제를 중시하는 자유주의의 제도들은 민주주의로의 이행과정에 도입되지만, 그것이 규범으로 정착되는 것은 별개의 문제다. 후자가 제대로 되지 않은 체제들을 '비자유민주주의'(illiberal democracy)라고 부른다.[1] 포퓰리즘[2]과 다수의 횡포가 나타나기 좋은 환경이다. 파리드 자카리아가 『포린어페어스』에 "비자유민주주의의 융성"(Zakaria 1997)이라는 글을 쓴 것은 1997년이었다. 아직 탈냉전시대 첫 10년이 끝나지도 않은 때였다. 오랜 권위주의 통치나 공산독재를 겪은 나라들이 비교적 자유롭고 공정한 선거로 정부를 구성한다고 하여 자유주의의 규범과 제도까지 내면화하는 것은 매우 어렵다. 자카리아의 글은 참을성 없는 지식인의 불만토로였는지 모른다. 2010년대로 들어와서도 비자유민주주의는 학술용어에 가까웠다. 사회과학자들이 쓰는 전문용어를 정치인들이 자신의 지향성을 지칭하는 말로 쓰는 경우는 드물다. 비판의 논조가 그 용어에 녹아 있는 경우가 많기 때문이다. 학자들에게 비자유민주주의의 '비자유'는 그 체제의 불완전성과 결함을 지적하는 것이다.

따라서 비자유민주주의 국가의 통치자가 '비자유'라는 수식어를 자국 정치체제를 묘사하는 표현으로 쓰지 않는 것이 맞다. 하지만 그건 서구식 자유민주주의를 정답으로 여기는 사람들의 생각에 불과하다. 헝가리 총리 오르반(Viktor Orbán)은 2014년 7월 26일 루마

---

1) 스티븐 레비츠키와 루컨 웨이는 비자유민주주의보다는 "경쟁적 권위주의"가 "혼성 정체"(hybrid regime)들의 성격을 더 정확히 묘사하는 용어라고 주장한다(Levitsky and Way 2010, 15).

2) 여기서 포퓰리즘은 좌익과 우익 모두 아우르는 개념이다. 우익 포퓰리즘을 더 위험한 것으로 보는 경향이 있으나 좌익 포퓰리즘이 민주주의 위기를 초래하는 경우들도 얼마든지 찾을 수 있다. 차베스(Hugo Chávez) 집권 이후 베네수엘라가 대표적이다. 물론 샌더스(Bernie Sanders)처럼 자유민주주의의 범위 안에서 목소리를 내는 좌익 포퓰리스트도 있기는 하다.

니아에서 인구수가 가장 적은, 그러나 헝가리계 주민이 대다수를 차지하는, 마을인 버일레 투슈나드(Băilen Tuşnad)에서 행한 연설에서 지유민주주의의 무능함을 질타하면서 "비자유주의 국가"(illiberal state) 건설을 역설했다. 오르반은 자신이 지향하는 새로운 국가가 민족주의에 바탕을 두는 것임을 숨기지 않았다. 2014년 이후 오르반에게 '비자유'는 전혀 숨길 일이 아닌, 헝가리식 민주주의가 나아가야 할 방향이다. 이제 세계 곳곳의 포퓰리스트 선동정치인들은 자유민주주의를 대놓고 조롱한다.

프리덤하우스 2022년 보고서에 따르면, 민주주의 질 저하를 겪은 나라 수는 60개인 반면에 향상된 나라 수는 25개에 불과했다. 또한 프리덤하우스가 '자유롭지 않음'(Not Free)으로 분류한, 명백한 권위주의 체제에 해당하는, 나라들 인구의 세계인구 대비 비율은 38% 정도로 1997년 이래 최고치를 기록했다(Repucci and Slipowitz 2022, 1). 현황이 상당히 음울하기는 해도 현재의 민주주의 위기는 세 번째 역물결이라고 부를 단계까지 간 것은 아니다. 아프리카와 아시아의 몇몇 나라들에서 여전히 쿠데타가 정변의 도구로서 쓰이기는 하지만, 탈냉전 시대의 '독재화'(autocratization)는 점진적이고 제도적인 방식으로 이루어지는 것이 일반적이다. 밀란 스볼릭이 1973-2018년 기간에 프리덤하우스 민주주의 등급이 '자유로움'(Free)에서 '부분적으로 자유로움'(Partly Free)으로 떨어진 사례를 세어보니 총 197개였다. 그 가운데 88개가 "현직자에 의한 권력탈취"(executive takeover)였고, 46개만이 군부쿠데타에 의한 것이었다.

2000년대 이후의 민주주의 역전들은 다섯 가운데 넷 꼴로 전자에 의한 것이었다(Svolik 2019, 20-21). 불안하기 그지없는 신생민주주의 국가에서도 정치군인들이 무력으로 민간정부를 뒤엎고 민주화를 요구하는 시민들을 적나라한 폭력으로 짓밟는 비극을 2020년대에 목격하기는 어렵다.[3] 1922-1945년 기간의 파시즘과 1917-1991년 기간의 공산주의를 경험한 인류에게 민주주의와 인권의 가치는 높아졌다. 인터넷과 스마트폰의 보급으로 국가폭력에 희생된 사람들의 소식은 거의 실시간으로 전 세계로 퍼져나간다. 억압의 비용은 분명히 커졌다.

2010년대 이후 우리가 우려해오고 있는 민주주의 위기의 성격은 두 번째 역물결보다는 첫 번째 역물결에 가깝다. 하지만 첫 번째 역물결과는 달리 명백한 민주주의 붕괴로 이어진 경우는 많지 않다. 이도 저도 아닌, 그렇다고 개념화하지 않고 내버려두기는 찜찜한 이 현상의 이름으로 정치학자들이 현재 가장 많이 쓰는 것은 '민주주의 퇴행'(democratic backsliding)이다.[4] 민주주의 붕괴라는 말이 민주주의가 뭔가 문제가 있어서 저절로 무너진 것을 가리키지 않듯이 민주주의 퇴행 역시 멀쩡히 앞으로 가던 민주주의가 갑자기 후진하는 것을 지칭하지 않는다. 낸시 버메오는 퇴행은 원래의

---

3) 그럼에도 불구하고 여전히 대담한 만행이 저질러지는 사례는 있다. 2021년 군부가 정부를 장악한 미얀마에서는 2022년 말 현재 군부에 의해 살해된 사람들의 수가 2,700명에 달한다. https://freedomhouse.org/country/myanmar/freedom-world/2023 (검색일: 2024년 1월 5일).

4) 퇴행 대신 침식(erosion), 침체(recession) 등의 표현을 쓰기도 했다.

이상적 상태에서 '작심하고' 멀어지는 것이라고 지적한다(Bermeo 2016, 6). 스테판 헤거드와 로버트 카우프먼은 민주주의 퇴행은 "행정부, 입법부, 사법부에" 포진하고 있는 "독재적 리더들과 그 동맹자들의 정치적 전략들과 전술들"의 산물이라고 말한다(Haggard and Kaufman 2021b, 3). 민주주의 퇴행은 누군가가 일부러 저지른 일이라는 것이다. 그리고 그 누군가는 대중이 아니라 엘리트라고 보는 것이 민주주의 퇴행 문헌의 지배적 경향이라고 말할 수 있다.[5]

　민주주의를 망가뜨리는 구체적인 행위자를 적시하는 것은 당연히 필요하고 중요하다. 트럼프와 그의 선동정치에 편승한 공화당 조력자들의 역할을 빼고서 미국 민주주의 퇴행을 설명할 수는 없다. 그러나 그것만으로 충분한 설명이 되지는 못한다. 미국 민주주의가 이토록 엉망이 되어버린 연유를 정확히 알기 위해서는 트럼프 등장 훨씬 이전부터 존재했던 미국정치경제의 구조적 변화를 알아야 한다. 1980년대 이후 경제적 불평등은 훨씬 심화되었고 인종, 이민, 낙태, 성적 지향 등을 놓고 벌이는 '문화전쟁'(culture war)은 한층 치열해졌다. 2008년 금융위기와 그 결과인 '대침체'(Great Recession)는 경제적 불평등과 문화전쟁이 결합하는 계기였다. 미국이 주도한 탈냉전 세계화의 과실을 누리지 못하고 문화적으로 고립되어 있다고 느끼는 미국인들의 수가 늘어났다. 포퓰리스트 백래시는 매우 자연스러운 귀결이었다. 총은 이미 장전된 상태였

---

5) 이 논점은 1장 마지막 소절에서 다시 다룬다.

고, 트럼프는 방아쇠를 당겼을 뿐이다.

　2016년은 제2차 세계대전 종식 이후 민주주의 역사에서 중대한 전환점이다. 그해 11월 흑인 대통령에 이어 여성 대통령까지 배출함으로써 미국 자유주의는 더 풍성해질 것으로 기대했던 리버럴들의 과도한 낙관주의는 트럼프의 승리로 갑작스러운 비관주의로 바뀌었다. 리버럴들이 제때 인식하지 못한 또는 알면서도 덮어두었던 중대한 사실이 하나 있다. 트럼프에게 표를 던진 미국인들 대부분은 힐러리 클린턴(Hillary Clinton)과 그녀의 남편으로 상징되는 양안(兩岸) 코스모폴리턴 엘리트 집단의 위선과 독선에 환멸을 느낀 이들이라는 점이다. 애덤 쉐보르스키는 "많은 사람들이 그[트럼프]를 찍은 이유는 그의 인격이나 프로그램 때문이 아니라 클린턴 부부를 혐오했기 때문"(Przeworski 2019, 203)이라고 말한다. 같은 해 6월 브렉시트 찬성표를 던진 영국인들 상당수는 대서양 건너편 트럼프 지지자들과 비슷한 심리상태에 있었다. 1970년대 후반부터 금융 탈규제가 영국, 프랑스, 서독을 중심으로 이루어지면서 유럽통합은 신자유주의 세계화의 지역 버전 같은 것이 되어버렸다. 이 과정에서 이득을 보는 영국인들은 런던을 중심으로 동심원을 그리는 잉글랜드 남동부 지역에 집중되었고, 그들은 유럽연합에 남기를 원했다. 유럽통합의 심화가 가져온 상대적 빈곤감 증대와 문화적 주변화를 체감한 영국인들은 브렉시트를 선택했다. 미국과 마찬가지로 영국에서도 경제적 불평등과 문화전쟁은 복잡한 상호작용을 통해 신자유주의 세계화에 대한 백래시를 낳았다. 유럽대륙의 민주주의 위기는 우익 극단주의 세력의 정치적 득세로 요약된다. 1980년대부터 줄곧 정치학자들이 주시해온 현상이다. 전혀 새로운 일이 아니다. 그럼에도 불구하고 탈냉전시대로 들어오면서 더욱 급격해진 신자유주의 세계화는 우익 극단주의 정당들이 상당한 지지를 꾸준히 받게 만든 환경이다. 마침내 2022년 이탈리아 총선에서 급진우익 정당이 집권연합의 최대지분을 차지하는 일이 벌어졌다.

2010년대로 접어들면서, 더 구체적으로 말해 2016년 미국 대통령선거를 기점으로 가시화된 작금의, 글로벌 현상으로서의 민주주의 위기의 요체는 '잠행성 파시즘'(creeping fascism)이다. 미국을 비롯한 많은 민주주의 위기 국가들에서 정치체제가 민주주의에서 파시즘으로 바뀐 일은 아직까지 없었다. 장담할 수는 없으나 앞으로도 그럴 가능성은 크지 않다. 우익 포퓰리즘 정당이 2022년 총선에서 최다의석을 확보하고 그 당수가 총리가 된 이탈리아를 보고 파시스트 정권이 들어선 나라라고 하지는 않는다. 통치자의 언행과 정부의 정책에서 파시즘의 언술과 이념정향이 드러나지만, 민주주의의 제도적 요건을 충족하지 않을 정도는 아닌 정치체제들이 현재 민주주의 위기 국가들의 상황이라고 보는 것이 정확하다.

쿠데타 같은 적나라한 폭력의 사용을 통한 민주주의 붕괴는 일부 저개발국들에서나 관찰된다. 히틀러의 권력장악 과정에서 다양한 형태의 폭력이 사용되었지만, 나치 독재 수립은 바이마르 공화국의 제도적 틀 안에서 이루어졌다. 잠행성 파시스트들은 민주주의를 최대한 활용한다. 선거를 통해 표출된 이른바 민심은 그들에게 정치공동체 유지를 위한 다른 모든 고려사항들을 제쳐버릴 수 있는 효과적인 무기다. 심지어 그들은 자유주의마저도 적절히 이용한다. 그들은 현재 '인권정치'(human rights politics)[6]의 중요한 한 부분이 되었다. 코로나19 팬데믹 기간에 마스크 착용 거부를 선동했던 정치인들은 하나같이 개인의 선택권을 강조했다. 리버럴 성향 정치인들과 그 동맹세력이 집단적 권리와 '정체성 정치'(identity politics)에 몰입하는 동안 잠행성 파시스트들은 개인적 권리들을 자신들의 무기로 만들었다. 2024년 대통령선거를 앞두고 트럼프와 그의 지지자들은 바이든(Joseph R. Biden)을 미국 민주주의의 근간을 위협하는 존재로 묘사하고 있다. 트럼프에게 민주주의에 대한 위협이란 자신이 대통령이 되는 것을 가로막는 일체의 상황을 뜻한다(Bender, Lerer, and Gold 2024).

잠행성 파시스트들의 조력자들은 곳곳에 있다. 보수성향 대법관들이 다수를 차지하고 있는 연방대법원은 미국의 금권정치를 표현의 자유로 옹호하고 있다(Achen and Bartels 2017, 326). 정체성 기반의 인권정치를 현실주의적으로 전개하지 못했을 때 그것에 대한 백래시는 공개적인 인권 부정일 수도 있지만, 오래된 자유민주주의 국가들에서 잠행석 파시스트들은 보다 교묘한 방식을 쓴다. 개인적 수준의 보편인권을 내세우면서 실제로는 기존질서의 수혜자였으

---

6) 인권 쟁점들을 두고 벌어지는 정치적 경쟁의 과정과 그 결과를 가리킨다.

나 문화적으로 밀려나고 있는 집단을 정치적으로 강화하기 위한 책략이 바로 그것이다. 진보적 인권정치는 그러한 보수의 반동에 어떻게 대응해야 하는가? 맞불작전으로 대응해야 하는가? 소송을 통해 쟁점을 해결하고자 하는, 정치의 사법화는 문화전쟁에 더 강력한 연료를 제공한다. 백래시의 주역들은 법정의 판결에 굴하지 않는다. 2021년 1월 6일을 전후로 한 그 수많은 법정공방에서의 패배에도 불구하고 잠행성 파시스트들은 성찰하지 않는다. 기본적으로 성찰의 능력을 상실하는 것, 즉 반지성주의(Stanley 2020, chap. 3)가 모든 파시스트들의 덕목이기 때문이다.

　현재 민주주의 위기의 심각성은 민주주의로 이행한 지 얼마 되지 않는 나라들의 정치불안정보다는 서구의 오래된 민주주의 체제들의 정치적 합의기반이 무너지고 있다는 점에 있다. 선진 자본주의적 민주주의 국가들의 정치적 퇴락은 그 속도가 느리다는 것이 특징이다. 잠복기가 긴 감염병의 초기증상을 자각하고 잡아내기 어렵듯이 민주주의 후퇴의 느린 속도 자체가 매우 위험한 현상이다. 그리고 또한 난감한 문제는 민주주의 위기의 국제적 기원이다. 민주주의 질 저하의 원인이 국내적 요인들에만 있는 것이 아니고 국외적 요인들에서도 발견될 때 후자에 관해서는 개별국가 시민들이 할 수 있는 일이 별로 없다. 현재의 민주주의 퇴행이 글로벌 현상이 되어온 과정은 탈냉전시대 글로벌 자본주의의 역동적 변화, 그리고 그 결과로서의 강대국 정치와 긴밀히 연관되어 있다.

개념적 논의: 민주주의와 자유주의

무엇이 민주주의 위기인가를 알기 위해서는 무엇이 민주주의 인가를 먼저 알아야 한다. 민주주의는 월터 브라이스 갤리(Gallie 1955-1956)가 "본질적으로 논쟁적인 개념들"이라고 불렀던 것의 전형이다. 정치와 사회에 대한 많은 용어와 개념이 흔히 그러하듯이 사람마다 입장에 따라 자기에게 유리한 방식으로 민주주의의 내용을 구성하기 때문이다. 민주주의에 관한 각양각색의 관념들을 여기서 논할 지면은 없다. 그 대신 민주주의와 자유주의가 어떻게 다른지, 후자가 결여된 전자는 어떤 문제가 있는지에 초점을 맞추기로 한다. 자유주의는 국가의 권력과 역할이 제한되어야 한다고 보는 사조다. 반면에 민주주의는 누가 통치하는가의 문제에 관한 특정한 해답이다. 다수의 지배를 지향하는 정부형태가 민주주의다. 자유주의는 국가가 개인과 민간부문의 영역을 침범하는 것을 우려하는 시각이다. 다수정(多數政)으로서의 민주주의에서는 다수의 선호, 또는 공공선을 실현하는 것이 지상과제이기 때문에 자유주의의 규범과 규칙은 전혀 금과옥조가 아니다. 따라서 적어도 논리적으로는 자유주의 국가와 비민주적 정부형태의 양립이 가능하고, 민주정부와 비자유주의 국가의 공존이 가능하다(Bobbio 1990, 1). 자유주의-비자유주의, 민주주의-비민주주의의 두 차원을 교차시켜 다음의 정치체제 2×2 유형론을 만들어볼 수 있다.

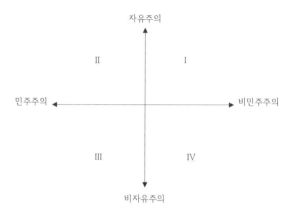

정치체제 2×2 유형론

위 그림에서 제2사분면이 자유주의와 민주주의가 결합된 체제다. 서유럽과 북미의 오래된 선진민주주의 국가들이 여기에 속한다. 21세기에 제1사분면에 속하는 나라가 있다고 보기는 어렵다. 19세기 영국과 대륙유럽의 입헌왕정들, 미국, 캐나다, 호주, 뉴질랜드 등이 제1차 세계대전 전후로 한 시점까지 제1사분면에 속했던 것은 맞다. 자유주의 사회들이기는 한데 젠더, 인종, 재산 소유 여부, 납세 여부, 문해력 습득 여부 등에 따라 투표권이 제한된 체제들이었기 때문이다. 1828-1926년 기간의 첫 번째 민주화 물결 (Huntington 1991, 16-17)은 제1사분면에 있던 나라들이 제2사분면으로 옮겨가는 과정, 즉 보통선거권이 수용되는 과정이었다. 1960년대 중반까지도 남부에서 흑인 참정권이 실질적으로 행사될 수 없었던 미국은 제1사분면에 가장 오래 머무른 선진민주주의 국가라고 말할 수 있다. 노예제 폐지 이후에도 짐 크로(Jim Crow) 체제가 1870년대부터 1950년대까지 유지되었던 미국은 민주화의 첫 번째 물결에서도 예외사례였던 셈이다. 어쨌든 이런 선진민주주의 국가들의 과거를 제외하고 볼 때 지금 제1사분면에 속하는 나라는 어디라고 말할 수 있을까? 참정권이 보편적으로 부여되지 않고 선거도 자유롭지도 공정하지도 주기적으로 치러지지도 않지만, 개인의 자유와 권리는 철저히 보장되고 법치도 이루어지는 나라가 오늘날 과연 있을까? 정치적 권리를 포기하는 대신 비정치적 자유, 특히 경제적 자유를 누리는 체제가 얼마든지 가능하지 않느냐고 반문할 수 있을지 모른다. 자유주의를 자본주의 또는 시장경제와 동일시하면 그런 반문이 나올 수 있기는 하다. 그런데 자유주의와 자본주의는 발전경로가 상당히 겹치기는 하지만 같지는 않다. 자유주의는 국가가 개인과 민간부문을 위축시키지 못하도록 하자는 생각이다. 제한정부(limited government)와 공존할 때의 자본주의는 자유주의와 친화적이다. 국가가 나서야 할 일과 사회가 알아서 해야 할 일이 구분되기 때문이다. 반면에 많은 비서구사회의 자본주의 경제들은 그 후발성으로 인해 강력한 국가개입을 통해 운영되었고, 지금도 그런 발전모델이 유지되는 나라들이 적지 않다. 이경우에 자본주의와 자유주의의 교집합은 크지 않다. 그럼에도 불구하고 둘은 똑같은 것이라고 억지를 부리는 이들이 있다면, 그들이 말하는 자유주의는 반공주의에 더 가깝다.

현재 민주주의 위기는 제2사분면과 제3사분면에서 관찰되는 현상을 주로 가리키는 말이다. 제4사분면에 위치하는 나라들의 수가 급증한 것은 아니지만, 그 유형에 속하는 나라들 가운데 권위주의 강대국인 중국과 러시아가 있기 때문에 역시 민주주의 위기와 무관하지 않다. 그러나 중국과 러시아는 민주주의 위기를 더 심각하게 만드는 부가조건이지 직접적 원인이 아니다. 권위주의 강대국들의 "샤프파워"(sharp power)[7]가 효과를 거두는 이유는 미국을 비롯한 서구 선진민주주의 나라들에 심각한 균열이 생겼기 때문이다. 제3사분면에 속하는 나라들도 민주주의 위기를 선도하는 위치에 있지는 않다. 중동부 유럽의 비자유민주주의 국가들 수가 줄지 않더라도 그 나라들이 서유럽과 북미의 자유민주주의 모델의 유의미한 대안이 될 가능성은 크지 않다. 구 공산권에 속했던 비자유민주주의 국가들이 서방 체제모델에 대한 환상을 깨고, 권위주의 러시아의 궤도로 자발적으로 들어갈 가능성 역시 크지 않다. 요컨대 작금의 민주주의 위기는 제2사분면에서 그 원인을 찾아야 한다. 자유주의와 민주주의가 결합된 것을 자유민주주의라고 부르고, 그런 정치체제를 가진 나라들이 대체로 오래된 민주주의 국가이자 선진국인데 왜 그런 곳에서 정치적 퇴행이 나타나는 것일까? 자유주의와 민주주의가 합쳐지기만 하면 만사형통이 아니기 때문이다. 둘 사이의 균형이 중요하다. 19세기 자유주의 국가가 제1차

---

7) 자유민주주의 사회의 개방성을 악용하여 표적국가의 정치적 혼란을 야기하는 능력을 말한다. 샤프파워의 구체적인 행사 방식은 대학, 연구소 등에 자금력을 동원하여 표현의 자유가 행사되기 어렵게 만들고 정보통신기술을 활용하여 소셜미디어에서 여론을 왜곡하는 것이다. Walker, Kalathil, and Ludwig (2020, 127) 참조.

세계대전을 계기로 대중민주주의와 결합되었으나 그 과정은 많은 나라들에서 파시즘으로 귀결되었다. 대공황과 제2차 세계대전을 겪고 나서야 자유주의와 민주주의의 황금비율이 만들어질 수 있었다. 그걸 가능케 한 것은 복지국가에 대한 '역사적 계급타협'이었다. 현재의 민주주의 위기는 바로 그 전후 계급타협의 매듭이 자본주의 발전의 동학과 자유주의의 성격변화로 인해 이완되면서 생긴 일이다. 달리 말해 경제적 불평등이 심화되는 가운데 자유주의와 민주주의의 균형이 전자로 기울면서 벌어진 사태다.

자카리아는 자유주의가 결핍된 민주주의는 위험하다고 진단했고, 적지 않은 논평가들이 자카리아의 과감한 문제제기에 편승했다. 셰리 버먼은 비자유민주주의에 과도하게 집착한 나머지 민주주의의 과잉을 지적하는 일부 논자들을 비판하면서 포퓰리즘을 견제하는 최선의 방법은 "테크노크라시"에 의해 장악되어 실질적 의미를 잃어버린 민주주의를 복원시키는 것이라고 주장한다. 자유주의 없는 민주주의만 위험한 것이 아니라 민주주의와 유리된 자유주의도 몹시 유해하다는 것이다(Berman 2017). 버먼의 지적은 기본적으로 옳다. 그러나 냉전 종식을 전후로 정치변동을 겪은 나라들 가운데 민주적 요소들은 부족하지만 자유주의적 요소들은 충만한 사례가 과연 있는지는 의문이다. 버먼의 우려는 신생민주주의 체제들에는 별 해당사항이 없다. 그러한 우려가 필요한 경우는 미국과 서유럽의 오래된 민주주의 체제들이다. 미국과 서유럽의 선진 정치경제를 구성하는 세 가지 요소들인 자본주의, 자유주의, 민주주의 가운데 앞의 둘이 세 번째 요소를 위축시켰던 탈냉전 시대 첫 20년 기간에서 현재 글로벌 수준의 민주주의 위기의 근원을 찾을 수 있다.

기예르모 오도넬과 필립 슈미터는 "민주주의의 지도원리는 시민권의 원리"라고 말한다(O'Donnell and Schmitter 1986, 7). 오도넬과 슈미터는 시민권 원리를 두 종류의 관계로 나누어서 상술한다. 먼저 시민들 간의 수평적 관계부터 논한다. 시민권은 정치공동체 구성원으로서 주요 사안들에 대한 집합적 결정을 하는 과정에서 모든 개인들이 동등한 권리를 갖는다는 것을 인정하는 데서 출발한다. 공동체 운영에서의 나의 권리는 곧 타인의 권리에 대한 존중의 의무를 발생시킨다. 다음으로 오도넬과 슈미터는 피치자와 통치자의 수직적 관계에 대해 논한다. 통치자에게는 피치자들의 숙의에 의한 집합적 결정의 정당성을 수용해야 할 의무가 생긴다. 시민권의 요체는 계약이다. 통치자는 피치자에게 부여된 자연권을 보장해줄 의무가 있지만, 그 대가로 피치자는 납세와 국방을 비롯한 정치공동체 보존에 필요한 의무를 받아들인다. 통치자는 이 모든 과정이 순조롭게 진행될 수 있도록 정당한 강제력을 사용할 수 있다. 시민권 원리의 작동을 위협하는 요인들을 제거하는 임무도 통치자에게 부여된다. 요컨대 민주주의는 시민들 간의, 그리고 시민들과 정부 간의 매우 복합적인 권리와 의무의 상호작용이다. 민주주의는 '권리'에서 출발한다. 따라서 규범적일 수밖에 없다.

그런데 지난 30여 년 동안 민주주의는 방금 논한 내용과는 사뭇 다른 방식으로 이해되어왔다. 규범보다는 정치체제 또는 정부유형으로서 민주주의를 이해하는 시각이 지배적이게 되었다. 이런 민주주의 관념이 1990년대에 처음 나온 것은 당연히 아니다. 로버트 달이 민주주의를 "폴리아키"로 조작화(Dahl 1971, 7-8)한 1970년대 이래로 정치학자들은 관찰과 측정이 가능한 경험적 실체로서의 민주주의를 연구해왔다. 새뮤얼 헌팅턴이 "제3의 물결"이라고 불렀던(Huntington 1991), 글로벌 규모의 민주주의 확산이 이루어지면서 정치학자들은 급증한 민주주의 체제들을 비교하기 위한 기준점을 정해야 했다. 조지프 슘페터로부터 끌어온 민주주의의 최소주의적 정의가 그 기준점이 되었다. 오도넬과 슈미터가 강조하는 시민권 원리는 슘페터가 "민주주의의 고전적 독트린"이라고 부르는 신조체계의 핵심이다. 이 독트린에 따르면 시민들은 정치공동체의 주요 사안들에 대해 "명확하고 합리적인 견해"를 지니고 있고, 그 견해를 정책으로 옮길 대표자들을 선출한다(Schumpeter [1943] 2010, 241). 이 독트린을 신봉하는 이들에게 선거는 민주주의의 일차적 요건이 아니다. 선거는 민주주의의 중요한 형식이기는 하지만, 그것만으로는 규범의 제도화로서의 민주주의가 제대로 작동하기는 어렵다고 보기 때문이다. 슘페터는 고전적 독트린이 현실적이지 못할뿐더러 바람직하지도 않다고 보았다. 민주적 정치과정에 관여하기에는 사람들은 무지하고 무책임하고 무관심하기 때문이다(Arblaster 2002, 50). 이 오스트리아 출신 경제학자는 다른 동시대 지식인들과 마찬가지로 공산주의와 파시즘의 어둠 속에서 사고했다. 근대화를 이루는 패권적 기획이었던 자유주의에 대한 두 집산주의적 대항기획은 광범하고도 깊숙한 대중동원을 사용했다. 과도한 정치참여는 민주주의보다는 독재로 귀결되기 쉽다는, 1930년대의 비극적 경험에서 우러나온 생각이 당대 많은 지식인들의 머릿속에 입력되었다. 대중민주주의의 역기능을 예방하기 위한 슘페터의 대안은 민주주의를 대표자 선출, 즉 정부 구성의 방식으로 간소화하는 것이었다.

그런데 슘페터의 최소주의적 정의는 고전적 민주주의 이론의 시민권 원리가 적정수준에서 실현된다는 전제하에 분석적 기능을 할 수 있다. 시민들이 서로를 정당한 정치공동체 구성원으로 여기지 않고 통치자가 정치공동체 보존에 위협요인이 된다면, 슘페터의 최소주의적 정의는 민주주의 관찰의 기준점으로서 역할을 상실한다. 선거과정의 공정성에 대한 상식적 합의 자체를 시민들 상당수가 거부할 때 슘페터가 마련해놓은 간소화 장치는 무용지물이 된다. 2021년 1월 6일 미국 연방의사당 폭거가 바로 그 생생한 증거다. 그날 의사당에 난입했던 트럼프 지지자들이 원했던 것은 민주주의의 형식이 아니라 내용이었다. 탈냉전 신자유주의 시대로 들어와 치러진, 절차상 별문제가 없었던, 수많은 선거들이 낳은 민주주의의 내용이 많은 미국인들에게 좌절과 소외를 느끼게 했던 것이다. 민주주의의 내용을 중시하는 시각, 즉 실질적 민주주의 관점은 사회적 평등과 어느 정도의 경제적 평등이 실현되는 것이 정의라고 본다(Bobbio 1989, 157). 트럼프 지지자들은 그럼 미국에서 사회경제적 불평등의 피해자들인가? 일부 그런 사람들이 있지만 대다수는 아니다. 트럼프 지지자들, 특히 백인 중산층 유권자들 가운데 상당수가 원하는 미국 민주주의의 내용은 인종 위계질서가 더 이상 무너지지 않는 것이다. 히틀러의 권력장악이 하층 중간계급의 지지에 상당히 힘입은 것(Hamilton 1982, 10)도 비슷한 맥락이다. 민주주의의 내용에 너무 집착하다 보면 형식을 무시하게 되고, 그 정도가 심해지면 민주주의 자체가 무너진다.

실질적 민주주의, 또는 민주주의의 최대주의적 정의를 사회경제적 불평등 완화와 다문화주의에 입각한 차별 시정까지 포함하는 것으로 이해하기 위해서는 적어도 절차적 수준에서 민주주의 침식이 없어야 한다. 절차적 민주주의 없는 실질적 민주주의는 포퓰리즘과 파시즘의 수식어가 될 가능성이 크다. 슘페터는 그런 가능성이 현실이 되는 것을 목격했던 세대의 학자였다. 민주주의에 대한 그의 최소주의적 정의는 따라서 충분한 역사적 정당성을 갖는다.

그럼에도 불구하고 슘페터의 최소주의적 정의는 21세기 시대상황에 맞게끔 갱신되어야 한다. 절차적 민주주의의 요건은 더 이상 자유롭고 공정하고 주기적으로 치러지는 선거를 통해 정부를 구성하는 것으로 제한되어서는 안 된다. 민주주의는 시민들 간의 수평적인 상호인정, 시민들과 정부 간의 제도화된 상호작용을 통해 작동하는 정치체제다. 전자를 위해서는 표현의 자유, 사상의 자유, 집회 및 결사의 자유가 광범하고도 깊게 보장되어야 한다. 후자를 위해서는 독립적인 사법부, 자율적인 뉴스기관, 직접적 시민행동등으로써 통치자가 자신의 행동을 시민들에게 설명하게 만들고, 제대로 설명이 안 되면 선거와 비선거적 방식으로 책임지게 만들어야 한다. 요컨대 현대 민주주의의 철학적 바탕은 자유주의일 수밖에 없다. 자유주의 없는 민주주의는 포퓰리즘, 그리고 더 나아가 파시즘의 온상이 되기 쉽다.

인권정치와 민주주의 위기

민주주의 퇴행은 내생적 성격이 강하다. 민주주의에 내재된 퇴행유발요인들이 있다는 말이다. 민주주의는 아주 간단히 말해 다수의 통치를 지향하는 정체(政體; polity)다. 그런데 다수의 통치를 다수결과 동일시할 때 문제가 생긴다. 다수결 원리는 그 자체가 자의적이고 폭력적인 국가권력행사의 정당화 수단으로 쓰일 수 있기 때문이다. 포퓰리즘은 민주주의에 대한 다수주의적 해석에서 나온다. 포퓰리스트들은 대중과 엘리트 또는 기득권 집단의 대립을 민주주의와 자유주의의 대립으로 환치시킨다. 정치공동체 구성원들의 평등, 달리 말해 시민권의 평등과 다수결로 구성되는 민주주의 원칙 가운데서 포퓰리스트들은 전자의 실현에 필요한 합헌주의와 자유주의를 부정하거나 축소하려고 한다. 그 대신 그들은 다수결을 주권재민 원칙과 결부시켜 신성화한다(Galston 2018, 9-11).

그럼에도 불구하고 민주주의 퇴행의 주된 요인은 민주주의보다는 자유주의와 자본주의의 특정한 역사적 변형이다. 그리고 그 변형은 구조의 움직임인 동시에 인간행위자의 작위의 결과물이다. 자유주의의 철학적 기원은 근대 이전에도 발견되기는 하지만(Gray 1986, chap. 1), 우리가 흔히 떠올리는 개인의 자유와 권리를 중시하는 사조로서의 자유주의는 근대 자본주의 등장과 궤를 같이 한다. 보편적이고 추상적인 의미에서의 개인의 자유와 권리는 애초에 존재한 적이 없다. 특정집단에 속한 개인들의 자유와 권리가 주창되었을 뿐이다. 어떤 집단은 일찍 성공했고 다른 집단들은 좀 더 기다려야 했다. 규범으로서의 인권과 정치로서의 인권을 구분해야 하는 이유다.

인권정치와 민주주의 위기는 어떤 관계에 있는가? 상식적 견지에서는 전자가 제대로 안 되니 후자가 발생한다고 말할지 모른다. 이 나이브한 생각은 규범으로서의 인권과 정치로서의 인권을 구분하지 못하는 데서 비롯된다. 규범으로서의 인권이 지켜지지 않으면 당연히 민주주의 위기가 온다. 그러나 정치로서의 인권은 기존의 권력 및 이익의 분포가 허용하는 범위 안에서 추구되는지, 아니면 그 범위를 넘어서 추구되는지에 따라 민주주의 현상유지로 이어질 수도 있고 백래시를 초래할 수도 있다. 인권의 옹호 및 증진은 협상을 필수적으로 수반하는 정치적 행위로 이해되어야 한다.[8]

인권정치의 주요 행위자들에는 정치인들, 정당들뿐만 아니라 미

---

8) 이 관점은 잭 스나이더(Snyder 2022, chap. 3)에서 가져온 것이다.

디어와 시민단체들도 포함된다. 특히 정보통신기술의 비약적 발전으로 인해 미디어의 정치적 기능은 그 어느 때보다도 중요해졌고, 그 작동방향은 대체로 '정치양극화'(political polarization)[9]를 증폭시키는 쪽이었으며 앞으로도 달라질 전망은 보이지 않는다. 미국의 인권정치는 극도로 상업주의화된 언론환경, 리버럴 편향이 강한 언론기관들이 주류로 자리 잡고 있는 현실과 짝을 이루어 타협과 합의의 정치를 어렵게 만든다.

　서방진영과 그 영향권 하에 있는 한국 같은 비서구 자유민주주의 국가들에서 인권은 흔히 보편원리로 인식된다. 영미권에서 출간된 많은 정치학 교과서들이 인권을 다루는 장에서는 거의 예외 없이 1948년 채택된 국제연합(UN; 이하 유엔) 인권선언을 마치 불변의 전거(典據)인 것처럼 인용한다. 그러나 앤드루 빈슨(Vincent 2010, 2)이 정확히 지적한 것처럼 유엔 인권선언은 정치적 문서다. 그것은 법률도 도덕률도 아니다. 유엔 자체가 그러하듯이 유엔 인권선언은 제2차 세계대전 종전 시점의 힘의 정치의 산물이다. 나치독일이 승전국이었다면 아예 존재하지 않았을 문서다.

　민주주의 발전은 전혀 선형적이지 않다. 민주주의 발전을 통해 부수적으로 향유하게 되는 각종 인권들은 특정의 역사적 산물이지, 인류의 보편역사가 마침내 도달하는 종착점이 아니다. 인권은

---

9) 유권자들이 서로 적대하는 두 진영으로 나누어지는 것을 말한다. 이런 상태가 되면 사람들이 교차하거나 중첩되는 이해관계나 정체성에 따라 사안별로, 쟁점별로 정치적 선택을 하지 않고, 우리 편인가 아닌가에 따라서만 움직이게 된다. Somer and McCoy (2019, 8-9) 참조.

쟁취하는 것이다. 사람들이 마치 보편인권을 받아들이는 것처럼 보인다면, 그것은 사람들이 보편인권을 체화한 정치권력 밑에서 살고 있기 때문이다. 홀로코스트 부정은 심각한 인권규범 파괴행위이며 오래된 탈진실의 한 유형이다. 독일 형법은 온라인이든 오프라인이든 홀로코스트를 공공연히 부정하는 것을 금지하고 있다 (Glaun 2021). 이 정도로 인권을 강조하고 제도화하는 독일에서 인간성 회복은 영구적으로 이루어진 것일까? 그렇게 안심하기에는 너무 많은 역행과 퇴행의 사례들이 존재한다.

일반적으로 인권은 세 단계에 걸쳐 발전했다고들 말한다. 정확히 말하면 인권에 대한 관념이 세 단계를 거쳐 진화한 것이다. 첫 번째 단계는 시민적, 정치적 권리에 대한 인식의 발전, 그리고 그것을 실현하기 위한 제도의 정착이다. 대체로 민주주의 발전의 역사와 일치한다. 더 구체적으로 말하면 투표권 확대의 역사와 거의 동일하다. 두 번째 단계는 자본주의 산업화로 인한 사회주의 이념과 노동운동의 흥기를 바탕으로 사회적, 경제적 권리에 대한 인식의 발전, 그리고 그것을 실현하기 위한 제도의 정착이다. 대체로 복지국가 발전의 역사와 일치한다. 세 번째 단계는 인종, 종족, 젠더, 종교, 성적 지향 등의 문화적 성격이 강한 집단 정체성에 바탕을 둔 권리를 요구하는 것이다. 아직 진행 중인 단계이며 21세기 인권정치의 핵심이며 또한 백래시의 근거를 제공한다.

글로벌 현상으로서의
민주주의 위기

미국을 보는 이유

2021년 1월 6일은 민주주의가 글로벌 차원에서 위기국면에 돌입했음을 상징하는 날로 기록될 것이다. 이날 사건의 현장은 미국 수도 워싱턴, 정확히 말해 연방의사당이었다. 2020년 11월 3일 치러진 대통령선거 결과를 연방하원에서 인준하는 형식적 절차가 진행되는 날이었다. 초대 대통령 조지 워싱턴이 1796년 두 번째 임기를 마치면서 그 선례를 남긴 이후 줄곧 지켜져 온 평화적 권력 이양의 의례가 치러지는 날이었다. 수많은 비서구 국가들의 정부 형태인 대통령제의 모델을 제공해준 미국에서 정작 대통령을 뽑는 방식은 매우 기괴하다. 유권자 투표(popular vote) 결과를 전국적으로 집계하여 승자를 정하는 것이 아니라 주별로 최다득표를 한 후보가 그 주에 할당된 선거인단(Electoral College) 표를 모두 가져가는 방식으로 최종집계를 한다. 민주-공화 양당 후보가 팽팽한 대결을 펼치는 경우 유권자 투표에서는 이겼지만, 선거인단 표에서 2등이 되는 일이 벌어질 수 있다. 역대 미국 대통령선거에서 이런 일이 다섯 번 있었다. 1824년에 앤드루 잭슨(Andrew Jackson)이, 1876년에 새뮤얼 틸든(Samuel J. Tilden)이, 1888년에 그로버 클리블랜드(Grover Cleveland)가, 2000년에 앨 고어(Al Gore)가, 그리고 2016년에는 힐러리 클린턴이 고색창연한 18세기식 승자결정방식을 따랐고 패배를 받아들였다. 2016년 대통령선거 승자였던 트럼프는 2020년 대통령선거에서 바이든에게 유권자 투표와 선거인단 표 집계 모두에서 졌으나 패배를 지금까지도 인정하고 있지 않다. 트럼프는 2016년에도 패배를 받아들이지 않을 것임을 유세과정에서 공공연히 밝혔다. 2021년 1월 6일 참사는 예견된 것이었다.

21세기에 접어들면서 오래된 자유민주주의 체제들이 흔들리는 것은 매우 복합적인 현상이고, 당연히 여러 요인들의 상호작용의 결과다. 선진자본주의 국가들의 민주주의 위기는 정체성정치와 사회경제적 불평등의 상호작용이 낳는 백래시라고 말할 수 있다. 특히 미국이 그렇다. 세계적 규모의 민주주의 위기를 이해하기 위해서 미국을 봐야 하는 이유는 두 가지다. 첫째, 정치균열의 중심축이 계급과 부문에서 정체성으로 이동하는 과정과 냉전 종식을 계기로 경제적 불평등이 심화되는 과정이 교차하는 모습을 가장 잘 보여주는 나라가 미국이다. 둘째, 미국이 자유주의 패권국이기 때문이다. 인권은 자유민주주의 이념의 기본바탕을 이룬다. 자유민주주의가 보편이념을 표방하기 때문에 인권의 관념 역시 보편적인 것으로 인식된다. 그러나 이념이자 체제로서 자유민주주의는 원래부터 보편적인 것이 아니라 19세기 중반 이후 지금까지 영국과 미국이 연이어 자유주의 패권국으로서의 위상을 유지하고 있기 때문에 그런 대접을 받게 된 것이다. 세계 곳곳의 포퓰리스트 선동정치인들이 인권의 보편성을 의문시하게 된 시점이 트럼프 시대 개막으로 미국의 지도적 위치가 흔들리기 시작한 시점과 거의 일치하는 것은 우연이 아니다.

트럼프 현상을 과장할 필요는 없다. 역사적 유추를 남발해서 공연스레 불안을 조장하는 것은 더욱이 바람직하지 않다. 트럼프를 히틀러에 비유하는 것은 미국 민주주의 퇴행의 심각성을 환기시키는 순기능보다는 정치체제 및 사회질서의 한 모델을 가리키는 역사학-사회과학 용어인 파시즘의 분석적 효용을 떨어뜨리는 역기능이 더 클 수 있다.[10] 아그네스 코르넬, 외르겐 묄레르, 스벤드-에릭 스코닝은 "전간기 유추"(interwar analogy)의 논리적 허점들을 지적한다(Cornell, Møller, and Skaaning 2017). 전간기의 민주주의 붕괴를 낳았던 요인들이 거의 백 년이 지난 오늘날 재현될 가능성 자체가 매우 낮고, 설사 비슷한 조건이 마련된다 하더라도 자연현상의

---

10) 이미 1968년에 스튜어트 조지프 울프는 파시즘이라는 말을 정치현상을 묘사하는 용어로는 "최소한 일시적으로라도" 쓰지 말자는 제안을 했었다(Woolf 1981).

유추와는 달리 사회현상의 유추는 그 자체가 인간행위자의 선택에 영향을 미친다는 것이다. 실제로 양차대전 사이의 바이마르 독일은 물론이고, 나치 독일에 함락되기 전에 민주주의 붕괴를 겪은 나라들의 정치체제는 안착된 민주주의와는 거리가 멀었다.

어쨌든 트럼피즘을 파시즘으로 볼 수 있는지 따져보자. 파시즘에 대한 정의 자체가 여럿이기는 하지만, 일단 여기서는 "자유주의의 정치와 경제를 모두 부정"(Luebbert 1991, 3)하는 사회질서로 규정하자. 트럼프가 자유주의 정치의 규범과 제도를 무너뜨린 것은 명백하다. 2021년 1월 6일 그를 지지하는 폭도들의 연방의사당 난입은 미국에서 자유주의의 정치적 구성요소들이 심각하게 손상되었음을 증명한다. 그러나 트럼프 행정부 시기에 미국 자본주의가 비자유주의적, 즉 집산주의적 방식으로 운영되었다고 말할 수는 없다. 보호무역의 정책수단들을 쓰기는 했으나 자본주의 운영체제로 시장 대신 국가를 사용했다고 볼 근거는 없다. 세상만사를 거래로 보는 트럼프에게 파시즘은 너무 벅찬 이념적 구성물이다. 트럼피즘은 기껏해야 잠행성 파시즘이다. 물론 위험하다.

트럼프 행정부 시기에도 미국은 다행히도 민주주의를 유지했다. 그러나 그 4년 동안 미국 민주주의의 질은 심각하게 저하되었고, 이제 미국은 더 이상 민주주의의 모범국가가 아니다. 트럼프가 2024년 대통령선거에서 공화당 후보로 무대에 오를 것인지는 아직 두고 봐야 할 일이지만, 2023년 10월 현재 각종 여론조사 결과는 현직 대통령인 바이든이 약소하게 뒤지는 것으로 나타난다. 미합중국 제45대 대통령이 제47대 대통령으로 선출되는 그날 미국 민주주의는 2017-2021년 기간에 이미 겪은 것보다 훨씬 심각한 퇴행의 경로를 걷게 될 가능성이 크다. 그리고 세계적 규모의 민주주의 위기는 가속화될 것이다.

 미국 민주주의 걱정을 우리가 이렇게까지 할 필요가 있는가? 민주화 40년이 가까워지는 시점에서 민주주의 퇴행을 목도하고 있는 한국정치의 진단과 처방이 더 시급한 문제가 아닌가? 물론 그렇다. 하지만 오늘날처럼 세계화된 세상에서 한 나라의 정치상황은 결코 그 나라 안에서 관찰되는 요인들만으로 설명되지 않는다 (Snyder 2017, 90). 이웃나라 민주주의가 뒷걸음치면 국내에서도 자유민주주의 거버넌스의 거추장스러운 절차와 규범을 우회하고 싶은 정치세력들의 목소리가 커진다. 미국은 지리적으로 인근에 있는 나라는 아니지만, 제2차 세계대전 종식 이후 70년 가까이 유지해온 자유주의 패권국의 위상 때문에 이 나라의 정치가 더 엉망이 될 것인지, 회복될 것인지는 한국뿐만 아니라 세계 대다수 나라들에게 아주 중요한 문제다. 오늘날과 같은 세계화 시대에 독재화가 물결을 이룰 때 민주주의 위기는 더 이상 국내정치 문제에서 그치지 않는다. 그것은 국제정치 문제가 된다. 그리고 국제정치는 기본적으로 강대국 정치일 수밖에 없다.

 권위주의 강대국 중국이 마침내 지역패권을 확립했다고 가정해보자. 동아시아 민주주의 국가들, 특히 한국처럼 중간규모의 국력을 가진 나라의 민주주의는 심화되기보다는 후퇴할 개연성이 크다. 중국이 노골적으로 샤프파워를 사용하여 한국 민주주의를 침식시킬 것이라는 말인가? 그 가능성도 완전히 배제할 수는 없다. 사회경제적으로 발전된 나라들에서 민주주의가 더 이상의 진전을 보이지 않는 것만큼 중국과 러시아의 권위주의 통치자들을 안심시켜 주는 것이 없기 때문이다. 국제정치는 단순한 힘의 정치가 아니다. 이념과 체제의 우월성을 놓고 싸우는 전장이 또한 국제정치다.

한번도 민주주의를 해본 적이 없는 중국, 한번 해보다가 원래 길로 되돌아간 러시아, 곧 인구수 1위의 비자유민주주의 국가가 될 인도가 국제관계에서 점점 더 중요한 행위자로 인식되는 것은 미국패권이 약화되고 있다는 것, 그리고 서방진영의 앞날이 불투명하다는 것을 의미한다. 경쟁 강대국들이 힘이 세지다 보니 예전만한 패권을 행사하지 못하는 건 어쩔 수 없다고 치자. 강대국의 흥망성쇠는 일단 체계수준의 현상이기 때문이다. 그런데 패권국의 쇠락은 보통 그 원인이 또한 국내적인 요인들에서 발견된다. 현재 우리는 미국패권의 국내기반이 무너지면서 경쟁국들이 치고 올라오는 형국을 마주하고 있다. 세계에서 가장 오래된 자유민주주의 국가들 중 하나이자 글로벌 패권국이었던 미국의 정치체제가 더 이상 다른 나라들에게 닮고 싶은 모델이 아니게 될 때 민족주의, 포퓰리즘, 시장물신주의, 그리고 그 무엇보다도 반지성주의가 뒤섞인 정치를 한국인들은 보게 될 것이다. 작금의, 이미 심각한 지경에 이른, 정치양극화는 계속됨은 물론이고 "악성적"(pernicious) 단계에 도달할 것이다. 이 단계에 이르면 서로 적대하는 진영에 속한 유권자들은 민주주의를 통해 달성하고자 하는 정책목적에 대해 합의를 이루지 못하는 것은 물론이고, 민주적 정치과정의 절차에 대해서도 의견을 달리 하게 된다. 정치양극화는 드디어 탈진실과 합류한다(Murat and McCoy 2019, 9, 14). 그리고 그 결과로서 한국 민주주의의 퇴행은 그치지 않을 것이다. 한국은 파시즘에 준하는(Yang 2023) 군부권위주의 통치를 겪은 나라라는 걸 잊어서는 안 된다.

　민주주의가 확산될 때 미국의 역할이 중요했듯이 민주주의가 위기에 처할 때 미국이 어떤 역할을 하는지도 아주 중요하다. 브라질의 최근 정권교체 과정은 그 이유를 잘 보여준다. 보우소나루(Jair Bolsonaro)는 2022년 대통령선거에서 질 경우 패배를 인정하지 않을 것임을 이미 내비쳤었다. 10월 30일 치러진 결선투표에서 룰라(Luiz Inácio Lula da Silva)에게 패배한 보우소나루는 공식적으로 선거결과를 인정하는 대신 권력이양에 협조할 것임을 간접적으로 표현했다. 보우소나루는 2023년 1월 1일 룰라 취임식에 외유를 이유로 참석하지 않았다. 군부쿠데타로 새 정부를 뒤엎어야 한다고 주장하던 보우소나루 지지자들은 의회, 대법원, 대통령 궁에 몰려들어 난동을 부렸다(Gorokhovskaia, Shahbaz, and Slipowitz 2023, 6). 보우소나루와 그 지지자들의 언행은 우리에게 명백한 기시감을 준다. 2021년 1월 6일 트럼프 지지자 폭도들의 연방의사당 난입사태는 자유민주주의의 복잡한 절차와 형식이 귀찮기 그지없는 이들에게 분명한 선례가 되었다. 미국이 민주주의 모델이었을 때 나머지 세계가 미국을 '언덕 위의 빛나는 도시'로 선망했듯이 미국이 민주주의의 절차적 정당성을 제도화하는 데 실패할 때 나머지 세계의 포퓰리스트 선동가들은 정당성을 획득한다. 미국은 민주주의 퇴행을 선도하는 나라가 되었다.

민주주의 위기를 국내현상으로 보는 시각의 한계

민주주의는 이념을 가리키기도 하고, 정치체제의 한 유형을 지칭하기도 한다. 어떤 의미로 쓰든 민주주의는 아직까지는 주권국가를 벗어나 사유되지 않고 관찰되지 않는다. 어느 나라의 민주주의가 잘 작동하면 그 이유는 그 나라 안에서 찾는 것이 보통이다. 정치학자들은 이미 1950년대부터 민주주의 발전에 긍정적으로 작용하는 여러 경제적, 사회적, 문화적 요인들에 관심을 가져왔다. 특히 경제성장과 그에 수반되는 사회적-문화적 변화가 민주주의에 유리한 환경을 마련한다고 생각해왔다. 물론 정치발전과 경제발전 간의 인과관계에 대한 논쟁은 학자들 사이에서 여전히 진행 중이다. 여러 입장이 있기는 하지만 사회경제적 근대화가 미비한 상태에서 안정적 민주주의가 유지되기 어렵다는 데는 큰 이견이 없다. 원래의 근대화 이론은 좀 더 단순한 주장을 했었다. 경제발전이 이루어지면 정치발전도 뒤따른다는 것이었다. 그리고 그 정치발전이라는 것은 대체로 서구식 민주주의 정착과 동의어였다. 그러나 1960년대와 1970년대에 제3세계 나라들 가운데 경제성장이 상당히 이루어졌는데도 더 억압적인 정치체제가 등장하는 경우들이 있었다. 아르헨티나 정치학자 오도넬의 "관료적 권위주의" 모델(O'Donnell 1979)은 그런 체제들의 출현을 설명하는 대표적 접근법이었다. 그보다 먼저 나온 헌팅턴의 정치발전론(Huntington 1968)도 근대화 이론의 단순함에서 벗어나려는 시도였다. 급속한 사회경제적 변화, 즉 근대화는 적절히 제도화된 정치가 뒷받침되지 않으면 무질서로 이어진다고 헌팅턴은 보았다. 물론 오도넬과는 달리 헌팅턴은 권위주의 통치의 강화를 설명하는 데 관심을 두지 않았다. 이 보수적인 학자의 관심사는 정치질서가 수립되기 어려운 조건을 구명하는 것이었다. 그럼에도 불구하고 두 학자의 공통점이 또 하나 있다. 두 사람 모두 정치변화의 국내적 요인들에 주목한다는 것이다.

작금의 민주주의 위기를 설명하려는 대부분의 학술작업은 비교정치학자들에 의해 이루어지고 있다. 민주주의 위기를 기본적으로 국내정치현상으로서 인식하는 것이다. 민주주의는 정치체제의 한 유형이고, 세계정부라는 것이 없으므로 민주주의는 국내적 수준의 현상인 것은 맞다. 나라마다 다른 정치체제들을 비교하는 작업을 주로 하는 비교정치 분야에서 경험분석의 대상으로서 민주주의를 연구하는 것은 당연하다. 비교정치학자들이 민주주의 위기를 설명하기 위해 사용하는 변수들은 대부분 국가 단위로 측정되는 것들이다. 주요 쟁점들에 대한 유권자들의 인식 및 태도, 인구학적 변화, 경제상황, 정당체제와 유권자 연합의 양태, 정부형태, 선거제도, 정치인들의 행태 등을 들여다보지 않고 민주주의 위기를 설명할 수는 없다.

하지만 우리는 오늘날 고도로 세계화된 시대에 살고 있다. 세계화는 일차적으로 경제적 현상이기기는 하지만 그것에 국한되지 않는다. 세계화는 다면적이다. 그것은 생산, 무역, 금융, 통화의 국가 간 상호작용과 글로벌 네트워크인 동시에 문화, 환경 등의 영역들에서의 초국적 상호의존도 만들어낸다. 정보통신기술의 발전은 정치현상들과 관련된 콘텐트를 실시간으로 접할 수 있는 세상을 만들었다. 서방국가들의 장밋빛 기대와는 달리 끝이 보이지 않는 시리아 내전, 난민위기, 유럽 우익 포퓰리즘 득세로 이어지기는 했으나 '아랍의 봄'이 시작될 수 있었던 것은 스마트폰과 소셜미디어를 빼고는 완전히 설명되지 않는다.

비교정치학자들 가운데도 민주주의와 관련하여 국제적 요인들을 강조하는 학자들이 없지는 않았다. 좋은 예가 하나 있다. 1986년에 존스홉킨스 대학 출판부에서 네 권으로 출간된 『권위주의 통치로부터의 이행들』이라는 연구서가 있다. 권수 번호를 붙이지는 않았지만 라틴아메리카가 1권, 남유럽이 2권, 비교적 시각이 3권, 오도넬과 슈미터가 함께 쓴 결론이 4권에 해당한다. 지금도 민주화를 공부하는 사람들에게는 반드시 읽어야 하는 현대의 고전 격에 해당하는 문헌이지만 여기에도 결함은 있다. 국제적 요인을 다룬 장은 딱 하나밖에 없다. 3권에 해당하는, "비교적 시각"이라는 부제를 단 책의 첫 장을 쓴 로런스 화이트헤드(Whitehead 1986)가 바로 이 문제를 다루고 있다. 그러나 국내적 요인들에 의한 설명을 보충하는 역할에 그친다. 그리고 그의 연구는 민주주의로의 이행을 다룬 것이지 민주주의 퇴행에 관한 것이 아니다. 아직까지는 민주화에 긍정적으로 작용하는 국제적 요인들에 대한 연구의 비중이 압도적으로 높다. 예를 몇 개 더 들어보자. 레비츠키와 웨이는 탈냉전 시대에 "경쟁적 권위주의"에서 민주주의로의 이행에 성공한 나라들과 경쟁적 권위주의 또는 혼성 정체가 하나의 패턴으로 굳어져버린 나라들의 차이를 서구와의 연계의 강도로 설명한다. 서구와의 연계성이 높은 나라일수록 경쟁적 권위주의가 민주주의로 향상된다는 것이다(Levitsky and Way 2010, 5). 폴 포우스트와 요하네스 우르펠라이넨은 국제기구들이 민주주의 공고화를 촉진할 수 있다는 경험분석결과를 제시했다(Poast and Urpelainen 2015). 독재화에 긍정적으로 작용하는 국제적 요인들에 대한 연구도 있기는 하다. 오이신 탄지는 권위주의 통치에 대한 국제적 지원이 있음을 지적한다(Tansey 2016). 그러나 이 연구들은 여전히 비교정치의 틀에 갇혀 있다. 어디까지나 국내적 현상인 정치체제 변동—그것이 민주화이든 독재화이든 간에—을 설명하는 한 요인으로서 국제적 변수들을 끌어오는 것이다. 그런 식으로는 글로벌 현상으로서의 민주주의 퇴행의 근본원인을 설명할 수 없다.

비교정치학자들 가운데 좀 더 거시적 관점으로 정치변동의 국제적 차원을 다룬 이로 카를레스 보쉬가 있다. 그는 민주주의와 경제발전의 관계에 집중되어 있던 기존연구의 범위를 국제질서의 요인을 추가함으로써 확장했다. 민주주의 강대국이 지배적 위상을 누릴 때 민주주의 체제 수가 늘어나는 반면에 권위주의 강대국이 우위에 있거나 민주주의 강대국과 엇비슷한 힘을 가질 때 민주주의는 붕괴나 위축을 겪게 된다는 이론적 가설을 보쉬는 정밀한 통계분석으로 입증했다. 문제는 보쉬가 "민주적 국제질서"의 예들로 제시하는 역사적 시기들에 대한 그의 부정확한 이해다. 민주적 국제질서에 대한 보쉬의 조작적 정의는 모든 강대국이 민주주의 체제인 시스템이다. 보쉬는 민주적 국제질서가 "제1차 세계대전 이후부터 윌슨주의 기획이 실패할 때까지 지속되었고, 소련 와해 이후 재등장했다"고 말한다(Boix 2011, 823). 두 기간에 권위주의 강대국이 없었다고 보는 것이다. 볼셰비키 혁명 이후의 러시아는 강대국이 아니란 말인가? 탈냉전시대 첫 10년 동안 중국은 강대국이 아니었나? 중국은 덩치만 큰 그저 그런 권위주의 개발도상국이었을 뿐인가? 보쉬의 이러한 결함은 국제정치학에서 일반적으로 받아들여지는 강대국 개념을 비교정치학자로서 면밀히 따지지 않고 대충 쓴 탓일 수도 있다. 그러나 더 근본적인 이유가 있다. 그가 사용하는 국제질서 개념 자체가 매우 단순하기 때문이다. 국제질서는 단순히 힘의 분포상태가 아니라 이념과 아이디어의 위계질서이기도 하다.

이처럼 민주주의 퇴행에 대한 기존문헌은 국내수준 요인들과 체계수준 요인들을 아우르는 입체적 설명을 제공하지 못한다. 국제적 요인들을 고려하는 연구가 없는 것은 아니지만, 대부분 국내적 요인들이 어떻게 여러 나라들에서 공통적으로 발견되는지, 특정국가에 고유한 요인들은 무엇인지를 밝히는 데 집중하는 경향이 강하다. 국제적 요인들을 고려하는 일부 연구도 체계수준 요인들과의 연관성은 다루지 않는 것이 일반적이다. 또한 정치적 설명과 경제적 설명의 종합이 아직까지는 미비하다. 민주화와 경제위기 또는 경제성장의 관계, 민주주의 붕괴와 경제위기의 관계에 대해서는 방대한 연구가 축적되었지만 그러한 분석들은 대부분 국내적 수준에 국한되었다. 기존문헌은 민주주의 위기가 이곳저곳에서 관찰된다는 것을 지적하면서 그 공통점을 찾는 데 집중하는 경향이 있다. 민주주의 퇴행을 하나의 패턴이 있는 사회현상으로 보고 가능한 한 일반화할 수 있는 것들을 찾아내는 것은 중요한 작업이다. 정치양극화에 관한 문헌은 특히 이러한 경향이 두드러진다. 그러나 정작 중요한 것은 정치양극화가 왜 비슷한 시기에 이 나라 저 나라에서 나타나는가를 설명하는 작업이다.

체제경쟁으로서의 국제정치

이러한 기존문헌의 취약점들을 보완하기 위해 두 가지 시각교정이 요구된다. 첫째, 작금의 민주주의 위기는 하나의 글로벌 현상으로 봐야 한다. 민주주의 후퇴를 국내정치현상으로 국한시켜 보면 이런저런 포퓰리즘의 동시다발 정도로밖에 현재의 위기를 이해하지 못한다. 둘째, 정치변동을 이해하려면 그 경제적 기반을 봐야 한다. 우리가 민주주의 후퇴를 말하는 것은 자유민주주의의 퇴조를 의미하며, '자유'라는 수식어가 가리키는 것은 상당부분 근대민주주의의 경제적 기반이 자본주의임을 의미한다. 달리 말해 21세기 첫 사반세기를 마감하는 시점의 민주주의 위기는 자본주의의 상태와 직결되어 있다. 물론 '자유'라는 수식어에는 자본주의와는 독립적인 정치적, 철학적 차원에서의 자유주의가 함축되어 있다. 오히려 글자 그대로만 본다면 자유민주주의는 개인의 자유와 시민권의 평등을 결합한 정치이념이라고 말해도 틀린 것은 아니다. 그리고 이런 생각은 대체로 상식 수준에서 통한다. 특히 냉전시대에 자유민주주의는 민주주의와 자본주의의 연계를 은폐하는 용어였다.

민주주의 퇴행은 왜 생기는 것인가? 일단 신생민주주의 체제들에 국한해서 보면 한때 보편사적 현상으로까지 인식되었던 민주화 흐름이 독재화 흐름으로 바뀌게 된 것은 자유주의 자체의 고유한 속성에서 비롯된다. 민주주의 퇴행의 핵심은 자유민주주의의 결핍상태에 있다. 달리 말해 민주주의를 보완하는 자유주의가 제대로 안 되는 것을 우리는 민주주의 질 저하라고 보는 것이다. 오도넬(O'Donnell 1998, 115)이 적확히 지적했듯이 자유주의는 16세기 서유럽의 독특한 경험의 산물이다. 그렇다면 이처럼 매우 서구적인 정치이념이 20세기 후반에 전 지구적으로 확산된 것은 어떻게 설명될 수 있는가? 여러 요인들이 있지만 미국패권을 빼고는 결코 설명될 수 없는 것이 헌팅턴이 말하는 두 번째 물결과 세 번째 물결, 특히 두 번째 물결이다. 첫 번째 민주화 물결 시기의 자유주의 패권국은 영국이었다. 영국이 1846년 곡물법 폐지를 통해 자유무역을 일방적으로, 즉 무역상대국의 상응하는 자유화 없이, 추진할 수 있었던 것은 "최초의 산업국"(Mathias 1969)이었기 때문이다. 가장 앞서 제조업 중심의 경제를 일군 나라로서의 이점을 최대한 활용하여 광활한 대륙 간 제국을 건설한 것이 영국이다. 당시 영국 자유주의 사조는 기본적으로 경제이념이었고, 영국은 정치적으로 다른 나라들에게 자신의 의회민주주의 모델을 적극적으로 권유하지 않았다. 왜 그랬을까? 두 가지 이유가 있다. 하나는 일종의 원초적 근대화론이라고 말할 수 있는 것이다. 자유로운 경제가 자유로운 정치도 저절로 가져올 것이라고 기대되었다. 다른 하나는 남에게 자신의 정치체제를 권장할 정도의 힘은 영국이 갖고 있지 못했기 때문이다. 팍스 브리타니카는 팍스 아메리카나와는 달리 한번도 단극체제였던 적이 없다. 영국은 강대국 협조체제를 잘 운영해서 경제적 제국을 구축한 나라였다. 요컨대 제1차 세계대전 이전에 체제경쟁은 매우 원시적인 수준을 벗어나지 못했다. 체제경쟁보다는 자고이래로 있어왔던 강대국 힘겨루기에 가까웠다.

　미국 패권의 수립 과정은 체제경쟁의 성격을 더 뚜렷이 보여준다. 제1차 세계대전 참전을 의회에 요청하면서 우드로 윌슨은 세계를 민주주의에 안전하게 만들어야 한다고 주창했다. 그의 전후 재편 구상은 전통적인 세력균형 정치의 존속과 비자유주의 정치경제모델들의 등장으로 인해 실현되지 못했다. 냉전이 본격화되기 전에 이미 국제정치는 체제경쟁의 장이었다. 제2차 세계대전의 승리를 이끈 자유주의 패권국으로서 미국은 자본주의, 민주주의, 자유주의가 결합된 자신의 체제모델을 서유럽의 '생각이 비슷한 국가들'(like-minded states)은 물론이고, 파시스트 적국들이었던 독일과 일본에도 이식했다. 제2차 세계대전의 결과는 전간기에 실패했던 윌슨주의의 이상을 현실로 만드는 것을 가능케 했다. 냉전은 이러한 과정을 더욱 촉진했고, 새로이 민주화된 나라들의 정치적 기반은 복지국가-자유무역 공존 시스템하에서 튼튼해졌다. 결국 민주주의란 안정적 민주주의를 가리키는 것이었다. 냉전질서가 역설적이게도 북미와 서유럽의 안정적 민주주의를 유지해준 강력한 버팀목이었다. 제2차 세계대전을 통해 명실상부한 자유주의 패권국의 지위를 확보한 미국은 서유럽과 일본에서 파시즘 잔재 청산과 자유민주주의 체제 수립을 적극적으로 지원했다.

국제정치를 서로 이질적인 정치경제체제들 간의 경쟁으로서 보는 것은 전혀 반직관적이지 않다. 오히려 매우 상식적인 시각이다. 공산주의를 내부에서 비판했던 공산주의자였던 밀로반 질라스를 통해 우리에게 전해진 이오시프 스탈린의 언명만큼 국제정치에 대한 이 시각을 잘 드러낸 문구는 찾기 어렵다. 막바지로 치닫던 제2차 세계대전에 대해 공산주의 독재자는 이렇게 말했다.

"이 전쟁은 과거의 전쟁들과는 다르다. 누구라도 어떤

영토를 차지하면 그곳에 자신의 사회체제도 강요한다. 누구든지 자기네 군대가 도달하는 곳에 자신의 사회체제를 강요한다. 다른 방식은 있을 수 없다." (Djilas [1962] 2014, 80).[11]

스탈린이 유고슬라비아 공산주의자들에게 새로운 형태의 전쟁이라고 말했던 체제경쟁으로서의 전쟁은 1917년 11월[12] 볼셰비키 혁명을 기점으로 시작된 것이다. 흔히 냉전의 시작을 1947년 3월 트루먼 독트린에서 찾지만, 냉전의 기원은 1917년 11월에서 찾을 수도 있다. 미국과 서방국가들은 볼셰비키 혁명을 되돌리기 위해 군사개입을 했을 뿐만 아니라 히틀러보다는 스탈린이 더 큰 위협이라는 생각을 1939년까지 떨치지 못했다. 그러나 체제경쟁의 기원은 더 이전으로 거슬러 올라가야 한다. 칼 폴라니는 국제적으로는 강대국 세력균형체제와 금본위제, 국내적으로는 자기조절적 시장과 자유주의 국가로 구성된 "19세기 문명"이 무너지면서 공산주의, 파시즘, 뉴딜과 같은 20세기의 "거대한 전환"이 진행되는 것으로 보았다(Polanyi [1944] 1957, parts 1 and 3). 자유주의가 경제적 불평등을 해결할 의지를 보이지 않고, 민주주의와 타협하지 않

---

11) 오드 아르네 베스타는 스탈린이 이 말을 1945년 4월에 한 것으로 쓰고 있다(Westad 2017, 53). 『스탈린과의 대화』의 2014년 펭귄 판에 서문을 쓴 앤 애플바움이 우리에게 다시 상기해주는 대로 질라스의 이 기록은 스탈린의 동유럽 영구점령 의도를 증명하는 근거로 오랫동안 쓰였다(Djilas [1962] 2014, xiii).

12) 볼셰비키 혁명의 또 다른 이름이 '10월 혁명'이 된 연유는 1917년 당시 러시아는 여전히 율리우스력을 쓰고 있었기 때문이다.

을 때 전면적 계급투쟁은 불가피했다. 그 참화에서 살아남은 것은 자본주의 생산양식과 공산주의 독재였다. 민주주의가 양차대전 사이의 위기를 버텨낸 나라는 몇 군데 되지 않는다. 미국, 영국, 캐나다, 호주 등 영미권 국가들과 스웨덴, 그리고 스위스를 빼고는 제2차 세계대전이 끝날 때까지의 기나긴 파국 속에 생존한 자본주의의 상부구조는 파시즘과 여러 형태의 권위주의 통치였다.

따라서 1922-1942년의 독재화는 분명히 1958-1975년의 독재화에 비해 역물결의 성격이 훨씬 더 강하다. 파시즘은 고전적 자유주의의 실패를 기화로 등장한 대안적 이념이자 체제였기 때문이다. 반면에 헌팅턴이 두 번째 역물결이라고 부른 사례들에서는 자유민주주의와 그 국제경제질서였던 브레턴우즈 체제에 맞서는 어떤 뚜렷한 대안적 이념이 존재한 적이 없다. 1960년대와 1970년대에 유엔 안에서 신국제경제질서(New International Economic Order; NIEO)를 요구하는 목소리가 나오기는 했으나 실질적인 변화를 낳지는 못했다. 그나마 효과가 있었던 개발도상국들의 반발이라면 석유수출국기구(Organization of the Petroleum Exporting Countries; OPEC)가 시동을 건 1970년대 유가파동 정도가 있을 뿐이다. 제3세계의 개발독재와 관료적 권위주의 체제는 미국과 주요 선진산업국들 중심으로 짜인 국제경제질서 아래서 저개발국들과 개발도상국들이 선택했던 정치적 안정화 방식이었다. 그것은 약소국과 빈국의 처세술이자 적응방법이었다. 대안은 강대국이 만드는 것이다.

미국의 자본주의적 민주주의는 언제나 문제를 안고 있었다. 그러나 냉전시대에는 공산주의와의 체제경쟁이 그 내적 모순을 민주주의가 자본주의를 제어하는 방식으로 관리하게끔 만들었다. 냉전은 많은 이들에게 불행한 역사였지만, 동시에 하나의 국제질서로는 매우 안정적이었다. 냉전기는 제3세계 곳곳에서 파괴와 살육을 수반한, 그러나 시스템 차원에서 볼 때는 "긴 평화"(Gaddis 1986)의 시기였다. 여기서 평화는 강대국들 간의 패권전쟁이 없었다는, 최소한의 의미로서 하는 표현이다. 냉전이 미-소 간 열전으로 번지지 않게 만든 요인으로 흔히 핵무기의 존재를 운위한다. 맞는 말이다. 그러나 그것만큼이나 중요한 요인은 미국과 소련이 각각 자본주의와 공산주의의 종주국이었다는 점이다. 핵균형으로 인해 두 초강대국 간 군사충돌 가능성이 낮고, 그 두 나라가 상이한 정치경제체제를 대변할 때 가장 일상적인 경쟁은 바로 경제성장과 물질적 풍요를 두고 이루어졌다. 그리고 미국은 그 싸움에서 이겼다.

케빈 나리즈니(Narizny 2012)는 민주주의 확산은 영국과 미국이 자유주의 패권국으로 존재할 때 일어난 현상이라고 주장한다. 나리즈니의 주장을 뒤바꿔 말하면 어떨까? 민주주의 위기는 자유주의 패권국이 흔들릴 때 일어나는 현상이다. 다음 절에서 살펴볼 신자유주의 질서하에서 미국은 냉전 종식으로 얻은 유일한 초강대국의 위상을 스스로 허무는 실수를 저질렀다. 왜 그랬을까? 체제경쟁의 상대방을 찾을 수 없었기 때문이다. 상대가 될 만한 적수가 사라지자 교만해진 미국의 모습을 들여다보자.

미국 민주주의
위기의 양면

신자유주의 질서와 미국의 과잉팽창

글로벌 현상으로서의 민주주의 위기는 탈냉전시대 자유주의 국제질서의 변천과 연관지어 이해되어야 한다. 제2차 세계대전 종전과 함께 미국 주도로 재건된 자유주의 국제질서는 1989-1991년 기간의 냉전 종식을 기점으로 양분된다. 냉전기 자유주의 국제질서는 존 제러드 러기(Ruggie 1982)가 "내장된 자유주의"라고 불렀던 국제정치경제 거버넌스와 미-소 양극체제가 결합된 것이었다. 내장된 자유주의는 시장의 자기조절능력에 대한 믿음에 바탕을 둔 19세기 고전적 자유주의와는 달리 자본주의의 파괴적 속성을 국가의 공동체 보존 장치들로써 제한하는 것을 말한다. 북미와 서유럽에서 대공황과 전쟁을 통과하면서 형성된 개입주의 국가는 전후에도 해체되지 않고 케인스주의 복지국가로 확대되었다. 공산주의와의 체제경쟁이라는 냉전의 속성으로 인해 자본주의의 단점을 보완하는 혼합경제가 서방진영의 표준으로 자리 잡았다. 자본주의의 경제적 불평등을 정치적으로 제어하는 내장된 자유주의 시기의 민주주의는 계급타협을 바탕으로 하는, 집합주의적 성격이 짙었다.

냉전 종식 이전의 내장된 자유주의 질서[13]는 정치적으로도 경제적으로도 체제유형의 다양성을 인정한 조직방식이었다. 냉전의 특성상 자본주의 블록의 경계선을 지키는 것이 더 중요했기 때문에 블록 내부의 자잘한 차이들은 용인되었다. 내장된 자유주의 질서에서는 각국마다 역사적 발전과정의 차이가 있기 때문에 일률적으로 말할 수는 없지만, 적어도 북미와 서유럽에서는 자본주의 폭주를 민주주의 틀 안에서 복지국가로 제어하는 정치경제 모델이 지배적이었다. 이 질서 아래에서 개별국가들은 정책자율성을 유지하되 다자적 자유주의 무역관계를 원칙적으로 훼손하지 않았다. 이러한 절충이 가능했던 것은 자본이동 통제가 이루어졌기 때문이다. 달리 말해 내장된 자유주의는 브레턴우즈 체제와 대체로 동의어였다. 내장된 자유주의는 자본주의 다양성을 보장하고 각국의 사회적 목적에 맞춰 민주주의가 안착할 수 있게 해준 국제질서였다. 미국은 냉전시기에도 자유민주주의를 표방했지만 반공에 최우

---

13) '내장된 자유주의 질서'는 '신자유주의 질서'에 대비되는 세계정치경제 조직방식을 가리킨다. 이는 "내장된 자유주의"를 국제경제질서의 이름으로 썼던 러기의 용법을 확대한 것이다.

선순위가 부여됨으로써 민주주의와 인권은 어디까지나 방어되어야 할 가치였지 어떤 비용을 치르고도 전파되어야 할 가치가 아니었다. 냉전기 미국은 반공노선이 위협받지 않는 한도 내에서 민주주의를 전파했다. 물론 해당국가의 민주주의 체제가 반공노선에서 이탈하거나 그럴 가능성이 크다고 판단되면 미국은 적극적으로 개입했다. 1973년 칠레에서 그랬던 것처럼. 또는 적어도 독재 강화를 말리지 않았다. 유신체제 한국을 내버려두었던 것처럼. 냉전은 장벽의 시스템이었고 그 방벽 안에서 서구의 민주주의는 국가별 특수성이 반영된 형태로 안착했다.

냉전기 자유주의 국제질서가 1989년 11월 9일이나 1991년 12월 25일에 신자유주의 질서로 급작스럽게 이동한 것은 아니다. 신자유주의 질서의 기원은 카터(Jimmy Carter) 행정부와 레이건(Ronald Reagan) 행정부에서 발견된다. 국내적으로 뉴딜체제의 경제정책들이 야금야금 시장친화적 방향으로 바뀌기 시작한 것이 카터 행정부 시기였다. 민주주의 평화론을 대외정책의 모토로 삼았던 것은 클린턴이지만, 신자유주의 질서의 변천에서 더 중요한 사실은 레이건이 공화당 대통령으로서는 처음으로 민주주의 증진을 미국 대외정책의 기조로 삼았다는 점이다(Smith 2012, xix). 카터가 시작했으나 마무리 짓지 못했던 인권외교를 레이건은 본격적인 미국 대전략의 일환으로 삼았다. 프레드 할리데이가 "제2차 냉전"(Halliday 1983)이라고 불렀던 시기에 미국이 추구했던 민주주의 증진은 어디까지나 소련과 동유럽 국가들을 내부적으로 교란시키는 데 주된

목적을 두었다. 갑자기 무너진 베를린 장벽은 미국으로 하여금 카터-레이건 시기 인권외교가 성공적이었다는 평가를 너무 높게 하게 만들었다.

탈냉전시대가 열리면서 미국이 주도한 신자유주의 질서의 핵심은 자본주의 시장경제의 무한확장을 추구하는 것이었다. 이 목적을 달성하기 위해 전통적인 국가의 역할과 기능을 축소하는 것만 주로 부각되는 경향이 한때, 정확히 말해 1990년대 초에 지배적이었다. 이른바 '국가퇴조론'이 유행하던 시절이었다. 그러나 실제로 신자유주의 질서가 구축되기 위해서는 국가의 역할과 기능이 더 정교한 방식으로 발휘되어야 한다. 기존의 규제를 시장친화적으로 바꾸고, 기술변화에 맞춰 경제관리방식을 정비하는 것은 결국 국가이기 때문이다. 국가의 성격이 공동체를 통합하고 보존하는 것보다는 시장과 자본의 논리에 맞춰 움직이는 것으로 변했을 뿐이다. 신자유주의 질서는 또한 자유민주주의가 정체성정치 중심으로 변형되는 흐름과 조화를 이룬다. 특히 선진국들에서 두드러지는 이 흐름은 "실리콘 밸리 자본주의"(Boix 2019)하에서의 노동시장 이원화와 연결됨으로써 백래시의 기반이 되었다.

탈냉전기 자유주의 국제질서는 신자유주의 국제정치경제 거버넌스와 단극체제가 결합된 것이다. 아직까지 단극체제가 끝났다고 단언할 수는 없으나 자유주의 패권국으로서의 미국의 위상은 예전 같지 않다. 경제적으로 신자유주의는 자유시장 자본주의의 초국적 확산을 추구했다. 정치적으로 신자유주의는 다수통치로서의 민주주의보다는 개인의 보편적 권리가 초국적으로 보호받는 합헌적 질서를 주창했다. 신자유주의 질서는 자유민주주의와 자유시장 자본주의를 미국의 힘이 닿을 수 있는 한도까지 확산시키는 것을 목적으로 삼았다. 냉전 종식으로 인해 체제유형을 둘러싼 국가 간 선호의 차이는 급격히 줄어든 것처럼 보였다. 자유민주주의는 이상적인, 또는 최적의, 또는 그것을 대체할 대안이 없는 정치체제 유형으로 인식되었다. 신자유주의 질서에서 선호되는 정치체제는 아무런 수식어 없는 민주주의가 아니라 자유민주주의이며, 이는 미국식 다원적 민주주의를 가리킨다. 유럽 국가들에서 주로 발견되는 사회민주주의와 기독교 민주주의에서 사회경제적 평등과 공동체 보존이 강조되는 것과는 달리 자유민주주의는 개인의 자유와 권리에 집중한다. 또한 자유민주주의는 비자유민주주의를 민주주의의 퇴락으로 본다. 경제적 신자유주의는 '자유시장 자본주의'를 이상적인 또는 최적의 또는 그것을 대체할 대안이 없는 경제체제 유형으로 내세웠다. 미국의 최대 실수는 탈냉전시대가 열리면서 글로벌 자본주의 확장과 민주주의 확산의 정당성이 확립되었다고 낙관했던 데 있다.

　　1994년 연두교서에서 빌 클린턴은, 지금 되돌아보면 너무도 성급하게, 학자들 사이에서는 여전히 논쟁이 끝나지 않았던 민주주의평화론을 탈냉전시대 미국 대외정책 기조의 하나로 삼았다. 잭 리비가 말한 것처럼 국제안보 이론으로서 민주주의평화론, 즉 민주주의 강대국들끼리 전쟁을 벌인 적이 없다는 주장은 하나의 "경험칙"이다(Levy 1988, 662). 이론적 법칙이 되기 어려운 이유는 여러 가지다. 일단 사례 수가 많지 않다. 민주주의 강대국들이라고 해봐야 미국, 영국, 프랑스 정도이며, 그들이 싸우지 않은 이유는 같은 민주주의여서도 있겠으나 자유주의적 가치를 공유했기 때문이라고 볼 수도 있다. 그리고 자본주의 체제들끼리 평화를 유지한 것이 민주주의 평화로 비친 것이라고 볼 수도 있다. 경험칙에 불과하다 해도 기실 이 민주주의평화론 자체는 별문제가 없다. 문제는 이 주장을 바탕으로 중국, 러시아 같은 권위주의 강대국들이 냉전 종식과 경제적 세계화의 물결에 따라 서방진영에 덜 적대적인 또는 심지어 친화적인 존재가 될 것이라고 믿었던 것, 그리고 권위주의 약소국이나 이른바 '불량국가'(rogue state)에 대해서는 군사적 수단을 써서라도 민주화시키는 것이 단극질서의 주인으로서 미국이 해야할 일이라고 믿었던 것에 있다. 클린턴 행정부는 대체로 전자의 믿음에 머물렀다면, 부시 행정부—특히 제1기—는 후자의 믿음까지 가졌다. '네오콘'의 등장은 오늘날의 파국을 설명하는 데 빠질 수 없는 매우 중요한 요인이다.

　단극체제하에서 미국에게 닥친 가장 큰 문제는 무려 반세기에 가까운 긴 시간 동안 양극체제의 안정성을 유지해왔던 상대방이 갑자기 사라지면서 생긴 공백을 채우는 것이었다. 달리 말해 미국은 새로운 적을 찾아 나서야 했다. 이 새로운 과제를 해내기는 쉽지 않았다. 냉전 종식의 순간에 대통령이었던 조지 H. W. 부시(이하 부시 시니어)는 소련 붕괴를 미국의 힘으로 이루어낸 성취라고만

볼 정도로 단순하지 않았다. 성향 자체가 무언가를 새로 만들기보다는 이미 있는 것을 관리하는 쪽에 가까웠던 부시 시니어는 냉전 종식을 신시대 개막보다는 구시대의 갑작스러운 종결로 느꼈다. 냉전질서의 안정성을 누구보다도 잘 알고 있었던 부시 시니어는 냉전 종식이 가져올 불안정과 무질서를 직감하고 그것을 최소화하는 데 집중했다. 쿠웨이트를 침공한 이라크를 징벌하기 위해 사상 최대 규모의 다국적군을 소집했던 부시 시니어였지만, 그는 제1차 걸프전쟁을 이라크 본토 점령과 '정권교체'(regime change)로 마무리하지 않았다. 부시 시니어는 어디서 멈춰야 하는지를 알았다. 그런 과잉팽창은 단극시대 개막을 확신한 아들 조지 W. 부시와 네오콘이 감행한다. 부시 시니어의 대외정책은 제2차 세계대전 종식 이후 미국의 대전략이었던 자유국제주의를 현실주의적으로 실행한 것이었다. 반면에 아들 부시의 대외정책은 자유국제주의를 이상주의적으로 확장한 것이었다.

조지 W. 부시가 신자유주의 질서의 한 축인 민주주의 확산을 군사적 방식으로 밀어붙이는 바람에 마치 탈냉전시대 미국의 과잉팽창을 상징하는 인물처럼 되어버렸지만, 정작 신자유주의를 국제질서의 키워드로 만든 인물은 빌 클린턴이었다. 단극체제하에서 미국의 정치경제 모델을 글로벌 기준으로 확립한 것은 클린턴 시대의 초당적 신자유주의 블록[14]이었다. 거슬이 정확히 지적한 대로

---

14) 이 표현은 뉴딜 정치연합을 그람시의 용어를 빌려 하나의 "역사적 블록"(historical bloc)으로 봤던 토머스 퍼거슨(Ferguson 1984, 46)의 선례를 따른 것이다.

신자유주의 질서의 이념을 현실의 정치체제로 만든 것은 레이건(Ronald Reagan)—그리고 영국의 대처(Margaret Thatcher)—이지만, 신자유주의 질서를 촉진한 핵심인물은 클린턴이었다(Gerstle 2022, 1). 초당적 신자유주의 블록에 한데 묶인 민주-공화 양당은 뉴딜 복지국가를 위축시키고, 금융부문과 정보통신기술 중심의 저고용 자본주의를 활성화시켰다. 경제적, 계급적 쟁점들을 두고 대립했던 전통적인 정당정치는 이 초당적 "신자유주의 합의"(Judis 2016, 57)에 의해 거의 사라졌고, 그 빈자리는 정체성정치가 채우게 되었다. 신자유주의 합의와 정치양극화가 합류하는 순간이다.

　냉전기에 자국의 국익에 별 영향을 주지 않는 나라라도 단 한 곳도 공산주의 진영에게 빼앗기지 않으려고 독재정권 지원도 마다하지 않았던 미국에게 냉전 종식은 민주주의 증진을 실질적으로 추구할 수 있게 해주었다. 그리고 미국이 민주주의 증진 정책을 펼쳤던 것과는 별도로 냉전 종식은 러시아와 동유럽 나라들은 물론이고, 수많은 제3세계 나라들에서 슘페터적 민주주의, 즉 '선거민주주의'(electoral democracy)가 도입되는 계기이기도 했다. 자유주의 전통이 거의 없거나 미비한 나라들이 단시간에 민주주의 제도들을 채택하면서 수많은 부작용이 발생했다. 이 부작용이 곧 민주주의 위기로 이어지지는 않았다. 그러나 세계화로 인한 불평등 심화는 신생민주주의 체제들의 정치안정을 서서히 갉아먹는 요인이 되었다. 그럴더라도 미국패권이 변함없이 유지되었다면 신생민주주의 체제 시민들이 아무리 민주주의의 무능함과 천박함에 지치더라도 포퓰리즘의 유혹에 쉽게 넘어가지는 않았을 것이다. 왜 이렇게 말할 수 있는가? 미국의 패권적 위상에 변함이 없다는 것은 자유민주주의 모델로 남아 있다는 말이기 때문이다. 그러기 위해서는 미국이 국내적으로 신자유주의 질서가 낳는 부작용을 관리해가면서 경제적 세계화와 민주주의 증진을 추구했어야만 했다.

미국 정책엘리트들은 단극체제의 지속성을 정말 굳게 믿었던 것일까? 아니면 그렇게 되어야 하니 과잉팽창을 선택한 것일까? 냉전이 끝나고 나서도 미국의 대전략은 냉전시대의 그늘에서 벗어나지 못했다고 보는 티모시 린치(Lynch 2020)의 견해, 그리고 냉전시대의 전략을 새롭게 변용한 것이라고 보는 핼 브랜즈(Brands 2016)의 견해는 일고의 가치는 있다. 그러나 무엇을 냉전이라고 불러야할 것인가에 대한 문제가 남아 있다. 공산주의-자본주의 대립이 없어졌는데도 미국이 냉전시대 전략을 그대로 유지했다면 그것 자체가 문제인 것이다. 공산주의-자본주의 대립을 민주주의-독재 대립으로 대체하려고 했던 것은 큰 실수였다. 트럼프 시대에서 벗어나지 못한 바이든 행정부가 중국과의 대립을 신냉전 구도로 이끌어가는 것은 미국의 국익에 도움이 별로 되지 않을 뿐만 아니라 세계를 더욱 불안하게 만들 뿐이다. 중국은 미국이 축조한 국제질서에 어떤 보편적 대안도 제시할 능력과 의사를 보인 적이 없다. 앞으로도 그럴 가능성은 높아 보이지 않는다. 다만 중국과 러시아의 체제안정성은 앞으로도 지속될 가능성이 크다. 레비츠키와 웨이가 주장하는 바대로 혁명에서 출발한 권위주의 체제의 기반이 혁명적 기원이 없는 독재보다 훨씬 건실하기 때문이다(Levitsky and Way 2022).

2020년대의 중국과 러시아는 냉전시대의 중국과 소련이 아니다. 지금 권위주의 강대국 중국과 러시아의 존재는 미국과 서방세계에게 스트레스를 준다. 그러나 중국과 러시아의 체제가 자유민주주의의 대안을 제시하는 것은 아니다. 두 나라는 더 이상 공산주의 이념을 전파하지 않는다. 중국에는 국가기구로서 공산당이 있을 뿐이다. 두 권위주의 강대국들의 공통점은 내셔널리즘이다. 중국과 러시아는 신자유주의 질서를 대체할 어떤 보편적 이념을 갖고 있지 못하다. '신냉전'이라는 말을 아무렇게나 쓰면 안 되는 이유다. 중국과 러시아가 나머지 세계에게 전혀 대안을 제시하지 못한다면, 도대체 민주주의 위기는 왜 생기는 것인가? 글로벌 현상으로서의 민주주의 퇴행은 냉전 종식으로 미국이 짧은 단극시대를 구가하며 확립한 신자유주의 질서의 정치적 기반이 흔들리면서 생기는 현상이다. 그 정치적 기반이 흔들리는 근본적인 이유는 신자유주의 질서가 경제적으로 약속했던 물질적 풍요가 상당부분 신기루였다는 사실에 있다. 2007년 시작된 미국발 세계금융위기는 1970년대 중후반부터 꾸준하게 진행되어오다가 냉전 종식을 계기로 1990년대에 급속하게 추진된 경제의 "금융화"[15]를 빼고는 설명되지 않는다. 신자유주의 질서는 중국과 러시아가 체제경쟁에서

---

15) 'Financialization'을 그레타 크리프너는 "경제에서 이윤의 원천으로서 금융활동들의 중요성이 점증하는 것"으로 정의한다(Krippner 2011, 27).

미국과 서방진영에 이겨서 무너지는 것이 아니라 내부적 모순으로 그 합의기반이 침식되고 있는 것이다.

　민주주의의 흥망성쇠는 국제정치의 문제다. 자유주의 패권국 미국이 권위주의 강대국들을 도저히 제어하지 못하는 지경에 이를 때 서유럽의 몇몇 오래된 민주주의 국가들이 오세아니아와 동아시아의 일부 민주주의 국가들과 규합하여 단극시대 이후의 민주주의 리그를 이끌어갈 수 있을 것인가? 이 물음에 선뜻 답하기는 어렵다. 글로벌 현상으로서의 민주주의 위기는 이제 막 사람들이 감지하고 우려하게 된, 진행 중인 사태이기 때문이다. 그럼에도 불구하고 민주주의가 지금까지 어떤 역사적 경로를 통해 발전해왔는지를 되돌아봄으로써 거시적 조망의 틀을 손에 쥘 수는 있다.

　현재의 민주주의 위기는 냉전 종식 이후 30년 동안 진행된 세계 정치경제의 변화와 연관되어 있다. 그것은 자유주의 질서의 위기이기도 하다. 자본주의와 민주주의가 결합된 미국식 정치경제 모델과 경쟁할 대안체제가 없는 것은 여전하지만, 그렇다고 해서 자유주의가 굳건하게 자리 잡은 것은 아니다. 자유주의의 뿌리가 깊다고 여겼던 미국에서도 자유주의 정치질서는 심각한 도전에 직면하고 있다. 왜 이렇게 되었는지를 알아보자.

미국 백래시의 정치적, 경제적 기원

　미국에서 백래시는 언제 시작된 것인가? 정확한 시점을 적시하는 것은 어렵지만 대략 1968년 대통령선거에서 닉슨(Richard M. Nixon)이 승리하면서부터라고 말할 수 있다. 1964년 대통령선거에서 존슨(Lyndon B. Johnson)이 압승을 거둘 때만 하더라도 백래시가 이렇게 클 줄은 몰랐다. 전후 자본주의 황금기였기 때문이다. 남부의 흑백분리 문제에 적극적으로 연방정부가 개입하면서 뉴딜연합의 한 부분인 남부 백인을 잃기는 했으나 뉴딜 민주당의 오랜 치부를 정리했다는 점에서 얻은 것도 있었다. 1970년대에도 백래시는 가시적인 현상이 아니었다. 그러나 수면 아래로 중요한 변화가 일어나고 있었다. 전후 자본주의 황금기가 끝나가고 있었다. 1960년대 중후반에 시작된 탈물질주의 가치의 우세는 닉슨, 포드(Gerald R. Ford), 카터 세 대통령을 거치면서 계속되었다. 정치양극화는 눈에 보이지 않게 꾸준히 심화되었다. 그리고 1980년 대통령선거에서 레이건이 이기면서 "백인 백래시"(Abrajano and Hajnal 2015)는 미국 정치의 중요한 구조적 특징으로 자리 잡았다.

　미국정치에서 백래시는 문화적 성격이 강한 현상이다. 물론 그 근저에는 경제적 요인들이 깔려 있다. 백래시는 미국만의 현상이 아니다. 선진민주주의 국가들에서 1960년대부터 시작된 탈물질주의 가치의 확산이 낳은 결과다(Norris and Inglehart 2019). 문화적 위협은 정치적, 경제적 진공상태에서 느끼는 것이 아니다. 일단 경제적으로 안정감을 갖지 못하는 중산층이 늘어날 때, 심지어 중산층이 붕괴된다는 정서가 확산될 때, 그리고 그러한 정서를 정치인들이 달래기보다는 증폭시킬 때, 게다가 미디어가 그러한 상황을 더 부풀려 보도할 때 문화적 위협은 현실이 된다.

백래시의 구조적 요인으로서 사회경제적 불평등의 중요성에 대해서는 이론의 여지가 없다. 그러나 경제적 불평등을 개인별 또는 가구별 소득 및 자산의 불평등으로만 측정해서 보는 것은 백래시를 이해하는 데 큰 도움이 되지 못한다. 집단별, 지역별로 나타나는 소득 및 자산의 격차를 보는 것이 백래시의 구조적 원인을 파악하는 데 필수적이다. 특히 탈산업사회의 사회경제적 불평등은 지리적 성격을 갖는다(Broz, Frieden, and Weymouth 2021). 2016년 트럼프 승리에 결정적으로 기여한 아이오와, 위스콘신, 미시건, 오하이오, 펜실베이니아 같은 주들이 공유하는 특징은 '러스트 벨트'(Rust Belt)라는 점이다. 대량생산 제조업 부문이 미국경제를 이끌어갈 때 민주당 뉴딜연합의 튼튼한 지지기반이었고, 공화당을 지지하는 사람이라도 뉴딜 정치경제의 틀을 수용했던 지역들이다. 전후 자본주의 황금기가 끝나면서 흔들리기 시작한 이 지역경제는 급기야 신자유주의 세계화 시대에 거의 완전한 붕괴를 경험했다. 저임금 국가들과의 경쟁으로 인해 공장은 외국이나 노조 없는 남부로 이동했다. 공장이 문을 닫으면서 그 지역 일대의 각종 제조업 및 서비스 부문이 타격을 입었다. 젊은이들은 대도시로 떠나 돌아오지 않았고, 돌아온 젊은이들 가운데 상당수는 해외파병 후 귀국한 경우였다. 경제활동이 침체되면서 집값이 떨어졌다. 부동산 시장이 활기를 잃으니 재산세가 제대로 걷히지 않고 공공서비스 질은 급격히 낮아졌다. 알코올 및 약물 의존이 심해졌다. 공동체가 파괴된 것이다.

탈냉전 신자유주의 질서는 복합적이다. 한편으로 그것은 사회경제적 불평등을 심화시켰지만, 다른 한편으로 그것은 그 자유주의적 성격으로 말미암아 민주적 제도와 가치를 더 널리 보급시켰다. "실리콘 밸리 자본주의"는 "디트로이트 자본주의"[16]와 여러 측면에서 다르다. 디트로이트 자본주의는 인권의 두 번째 단계에서 더 멀리 전진하지 못했다. 대량생산 제조업 중심 사회에서 자본과 노동 간의 역사적 타협에 바탕을 둔 생산레짐이었기 때문에 개별화된 정체성보다는 집단의 응집성이 더 중요했다. 반면에 실리콘 밸리 자본주의는 대규모 반숙련 또는 비숙련 노동자들을 핵심 생산요소로 쓰지 않고, 지식과 기술을 사용하여 이윤을 창출한다. 동질적인 구성원들로 이루어진 집단의 물리적 효율성보다는 무정형의 개별화된 유연한 노동과정에서 산출되는 창의적 결과를 중시한다. 소프트웨어 개발자의 인종, 이민자 여부, 출신국가, 종교, 정치성향, 성적 지향은 중요하지 않다. 일만 잘하면 된다. 물론 거기에 자유주의적 정중함(civility)이 추가되어야 하지만 이 요소는 묵시적이다. 또 너무 강조할 필요도 없다. 실리콘 밸리 자본주의의 지배적

---

16) 이 용어들은 카를레스 보쉬(Boix 2019)에서 빌려온 것이다.

마인드셋은 대단히 다문화주의적이기 때문이다.

미국정치 양극화의 기원: 정체성 기반 인권정치

정체성 기반의 인권정치를 추동하는 핵심 인구집단인 X세대와 밀레니얼 세대는 자신들의 윗세대인 침묵의 세대와 베이비붐 세대보다 아직까지는 투표를 열심히 하지 않는다. 1980년대 이후 미국 대통령선거 투표율을 출생 코호트별로 살펴보자.[17] 2016년 대통령선거의 출생 코호트별 투표율은 '가장 위대한 세대'(Greatest Generation; 1901–1927년생) 및 '침묵의 세대'(Silent Generation; 1928–1945년생)가 70%, '베이비붐 세대'(Baby Boomers; 1946–1964년생)는 69%, 'X세대'(Generation X; 1965–1980년생)가 63%, '밀레니얼 세대'(Millenials; 1981–1996년생)는 51%였다. X세대 유권자들의 2016년 연령대는 36-51세다. X세대는 정치양극화의 한가운데 있었다. 이들의 투표율이 유권자 전체 투표율인 61%보다 2% 포인트 높은 수치를 기록했다는 것은 생애주기 효과로 어느 정도 설명될 수는 있다. 그러나 역시 답은 정치양극화라고 봐야 한다. 2012년과 2016년을 비교해보면 된다. X세대와 밀레니얼 세대 유권자들의 투표율은 높아진 반면, 베이비붐 세대 투표율은 변함이 없었고 가장 위대

17) 자료는 Fry(2017)에서 가져왔다.

한 세대 및 침묵의 세대의 투표율은 떨어졌다. 정치양극화는 1996년 선거부터 투표율에 뚜렷하게 반영되어온 현상이다. 베이비붐 세대 유권자들은 빌 클린턴, 조지 W. 부시 시대 정치양극화의 주역이었다. 인구학적으로 베이비붐 세대의 영향력은 계속 줄어들겠지만, 그들이 40대 후반, 50대 초반에 빚어놓은 양극화된 정치구조는 크게 바뀔 조짐이 보이지 않는다.

베이비붐 세대가 청년일 때 그 씨앗이 뿌려진 정치양극화의 구조 안에서 움직이는 행위자들 가운데 우리가 주목해야 할 것은 밀레니얼 세대 유권자들이다. X세대의 20대 시절 투표율은 밀레니얼 세대의 20대 시절 투표율보다 낮다. 1988년 X세대의 39%가 투표한 반면, 2004년 밀레니얼 세대의 투표율은 46%였다. 1992년 X세대의 투표율이 50%를 상회하지만, 1996년에는 40%대 초반으로 떨어진다. 클린턴 행정부 시기의 경제호황과 탈냉전 승리주의는 X세대의 투표율을 떨어뜨리는 데 상당한 영향을 주었다. 미국이 가장 잘 나가는 것처럼 보이던 시절, 젊은이들이 투표장에 나갈 이유는 별로 없었다. 마침내 완성된 '미국의 세기'를 만끽하던, 일자리도 많았던, 세기말 미국의 20대 후반과 30대 초반 젊은이들은 호황에 가려진 사회경제적 불평등에 관심을 가질 이유가 없었다. 그들에게 정치란 계급, 부문, 지역보다는 환경, 삶의 질, 그리고 인권에 관한 문제였다. 이미 정치는 정체성에 바탕을 둔 것으로 바뀌고 있었다.

밀레니얼 세대의 일찌감치 높은 투표율은 정체성 기반의 정치가 대세가 되었음을 의미한다. 젊은 유권자들의 적극적인 정치참여는 민주당에게 크게 유리할 것이라는 예측이 일반적이었다. 그러나 막상 투표 이후 조사결과는 민주당이 일단 선거는 이겼지만 그저 좋아할 상황이 아니었다. 2020년 대통령선거에서 18-29세 연령대 유권자들의 35%가 트럼프에게 표를 던졌다고 응답했다(Pew Research Center 2021). 바이든에게 투표한 비율이 59%이니 괜찮은 것이 아니고, 24%밖에 차이가 나지 않았다고 해석해야 할 부분이다. 클린턴과 오바마의 민주당은 루스벨트(Franklin D. Roosevelt)와 존슨의 민주당이 아니다. 백인 노동계급의 정당이었던 뉴딜 민주당은 사라진지 오래다. 고학력 전문직 종사자들의 신자유주의 민주당이 현재 미국의 집권당이며, 그 바탕은 클린턴 시절에 마련되었고 오바마 시절에 더욱 공고해졌다. 밀레니얼 세대 중에서 대학교육을 받지 못한 유권자들이 지금의 민주당을 찍을 이유는 별로 없다. 정체성 기반의 인권정치는 밀레니얼 세대 가운데 적지 않은 이들에게 정치적 올바름에 대한 환멸을 심어주었다. 트럼프는 그 최대수혜자다.

1990년대 이후로 미국 백인 여성 다수는 공화당에 표를 던졌다. 그럼에도 불구하고 민주당은 실리콘 밸리 자본주의가 막 등장하던 시점에 존 주디스와 루이 터셰러가 했던 긍정적 예측(Judis and Teixeira 2002)을 믿었다. 메트로폴리탄 지역에 거주하는 고학력 전문직 종사자들, 여성, 비백인 인종-종족 집단이 새로운 민주당 지지기반으로서 선거민의 다수를 차지할 것이라는 예측이었다. 이 유권자들을 기반으로 오바마 행정부가 탄생했다. 민주당은 이 추세의 지속성을 과신했다. 특히 여성이라는 정체성이 민주당에게 도움이 될 것이라고 보았다. 더구나 힐러리 클린턴이 대선후보였고 여성에게 우호적인 정책을 표방했기 때문에 기존에 공화당을 지지했던 여성 상당수가 민주당으로 옮겨올 것이라고 낙관했다(McCall and Orloff 2017, S35). 2016년 선거결과는 이러한 낙관이 무엇을 놓쳤는지를 생각하게 만든다. 젠더는 분명한 정체성이지만, 그것이 개인의 삶을 전부 규정할 수는 없다. 대졸 여성의 클린턴 지지율이 높고 대학교육을 받지 않은, 더 정확하게 말하면 받지 못한, 여성의 트럼프 지지율이 높았다는 사실(McCall and Orloff 2017, S35)은 젠더의 투표 결정력이 생각보다 크지 않다는 것을 보여준다.

원론적으로 볼 때 정치양극화 자체가 문제인 것은 아니다. 정치양극화가 반드시 민주주의 위기를 낳는 것도 아니다. 오히려 정치인들과 정당들이 중대사안들을 두고 견해차가 너무 없는 것이 민주주의를 더 위협한다. 작금의 미국의 민주주의 위기는 클린턴 행정부 시기부터 공고해진 "신자유주의 합의"의 토대 위에서 벌어진 일이다. 레이건이 길을 열고 클린턴이 길을 넓혀 부시가 과속하다가 사고가 나자 오바마가 수습은 했으나 속도제한은 줄이지 않았던 그 사회경제적 불평등 심화의 고속도로는 트럼프가 등장하면서 폐쇄와 땜질 보수공사를 거듭하고 있다. 바이든 행정부는 트럼프가 망가뜨린 자유국제주의 정책기조를, 적어도 외형상으로는, 재빨리 복원했다. 그러나 트럼프가 제2차 세계대전 이후 71년 동안 유지되어온 자유주의 국제질서를 흔들어놓을 수 있었던 것은 미국 내부의 백래시가 있었기 때문이다. 경제적 세계화와 민주주의 증진의 두 축으로 이루어진 탈냉전시대 미국 대전략은 국내의 노동계급과 중간계급에게 적절한 '제국수익금'(imperial dividend)을 배분하지 못했다. 트럼프는 제국의 국내질서에 발생한 균열을 파고든 것이다. 정치양극화와 신자유주의 합의가 동시에 진행되었던 것이 현재 미국 민주주의 위기의 근원이다.

바이든 행정부의 이른바 '중산층을 위한 대외정책'은 트럼프식 보호주의의 점잖은 표현이다. 달리 말해 나르시시스트 선동가의 관리부실로 시공사는 바뀌었으나 고속도로 운영방식은 크게 바뀌지 않았다. 바이든은 통합의 대통령이 되고자 했고, 실제로 그의 집권 초기 정책들은 온건하고 적절했다. 그러나 이미 '석회화'(calcification) 단계에 이른 정치양극화를 되돌리기에는 역부족이었다(Sides, Tausanovitch, and Vavreck 2022, chap. 1). 바이든은 트럼프 시대의 두 번째 대통령이다. 트럼프 시대가 경계와 틀이 명확한 정치경제질서가 될 가능성은 크지 않다. 신자유주의 질서의 정치적 상부구조는 무너져 내리고 있으나 그 경제적 토대는 아직 멀쩡하기 때문이다. 민주주의와 자유시장 자본주의 모두 부정했던 전간기 파시즘과는 달리 21세기 우익 포퓰리즘은 글로벌 자본주의를 대체할 경제정책이념을 갖고 있지 않다. 그 결과 당분간 불평등은 계속 커지고, 문화전쟁은 더 치열해질 것이다. 정체성 기반의 인권정치는 정작 먹고사는 문제를 해결하는 데 별 도움은 주지 못한 채

정치공동체 파편화를 촉진할 것이다.

　경제정책과 사회정책의 신자유주의화에 대해서는 별 이견이 없는 민주당과 공화당이 그토록 양극화된 이유는 무엇인가? 각각의 책임이 있다. 먼저 민주당을 보자. 1968년 대통령선거에서 닉슨이 승리한 이후 민주당은 남부 백인 지지기반을 되찾기 위한 노력을 기울이기보다는 뉴딜연합의 재편에 집중했다. 정체성 기반의 인권정치는 민주당에게 매우 활동적인 지지기반을 제공했기 때문에 남부 백인 표를 다시 얻기 위해 흑인, 여성, 그리고 주요 대도시들의 확고한 리버럴 성향의 유권자들을 실망시키는 온건한 현실주의적 노선을 선택할 수 없었다. 공화당은 닉슨, 포드, 레이건이 백악관 주인이었던 시기에 남부 백인에 확고한 지지기반을 갖는, 점점 보수적인 정당으로 바뀌어갔다. 공화당이 문화전쟁에 본격적으로 뛰어든 때는 레이건 행정부 시기였다. 신자유주의 경제정책과 사회정책을 펼치면서 레이건은 뉴딜연합의 구성원들 가운데 흑인을 문화전쟁의 표적으로 삼았다. 일하지 않고 노력하지 않는 흑인의 이미지는 1980년대에 만들어졌고, 1990년대에 들어와서 더욱 굳어졌다. 조지 H. W. 부시를 단임대통령으로 만든 빌 클린턴에 대해 공화당은 그의 8년 재임 대부분 기간에 강경대치 전략을 구사했다. 특히 깅그리치(Newt Gingrich)가 하원의장이었던 1995-1999년 기간에 오늘날의 미국정치양극화 구조가 완성되었다. 신자유주의 경제정책과 사회정책에 대한 레이건의 기본틀을 빌 클린턴이 받아들였기 때문에 정쟁은 오히려 더 심해졌다. 사회경제적 쟁점들을 두고 싸울 일이 없으니 문화적, 상징적 사안들이 가시적인 정치의제가 되었다.

아래 그림은 의회 표결기록을 토대로 산출된 DW-NOMINATE[18] 점수의 민주-공화 양당 간 차이가 1879-2015년 기간에 어떻게 변해왔는지를 보여준다. 제1차 세계대전을 전후한 시기만 하더라도 상당한 차이가 있었던 것이 뉴딜을 거치면서 줄어들고, 그 추세가 냉전기 대부분에 걸쳐 유지되었다. 사회경제적 불평등 완화가 정치 양극화를 제어한다는 것을 증명한다. 그러던 것이 1980년 근처부터 차이가 커지기 시작하고 1990년대부터는 뉴딜 이전으로 되돌아가는 추세를 보인다. 상원보다 하원에서의 차이가 현격하게 커지는 것도 1990년대부터 관찰된다. 사회경제적 불평등 증대를 정체성 기반 인권정치가 가리면서 양당 간에 타협과 절충의 여지는 빠른 속도로

민주─공화 양당 간 차이, 1879─2015

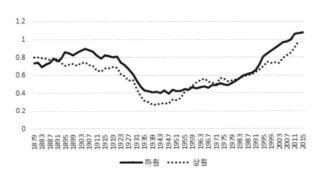

주: 상원 데이터는 2013년까지임.

출처: https://legacy.voteview.com/political_polarization_2015.htm (검색일: 2017년 8월 11일).

18) 'Dynamic Weighted Nominal Three-step Estimation'의 두문자어로서 1980년대 초에 키스 풀(Keith T. Poole)과 하워드 로젠탈(Howard Rosenthal)이 개발한 이념측정척도를 가리킨다.

사라졌다. 그러나 한 가지 단서를 달 것이 있다. 이 양극화 추세는 대칭적이지 않다. 민주-공화 양당이 똑같은 정도로 이념적 순도를 높인 것이 아니라 공화당이 훨씬 극단적인 변화를 보였다. 이를 "비대칭적 양극화"라고 부른다(Hacker and Pierson 2014, 652).

다음의 두 가지 그림은 각각 하원과 상원에서 1980년대 이후 양극화 추세를 주도한 것이 공화당임을 보여준다. 상원에서는 공화당의 보수화 가파르기가 하원보다 완만하기는 해도 전체적 추세는 다르지 않다. 하원에서는 오바마 행정부 2기에 민주당 내부의 차이가 거의 소멸된다. 공화당보다는 덜 극단적이기는 해도 민주당도 이념적으로 정렬한 것이다. 이 양극화 추세는 2016년 이후에도 지속되고 있다(Desilver 2022).

정체성 기반 인권정치가 진보적 가치를 옹호하는 것은 분명하다. '흑인의 생명도 소중하다'는 외침은 '모든 생명은 소중하다'는 원론적 설교가 외면하기 쉬운 차별의 구조를 비판한다. 인신보호(habeas corpus)의 원칙, 즉 신체의 자유는 가장 기본적인 권리이며 따라서 보편적으로 적용되어야 한다. 인종에 따라 구금과 체포의 기준이 달라질 수는 없다. 2022년 현재 미국 인구의 13.6%인 흑인이 수감자의 32%를 차지하는 것을 구조적 차별을 완전히 제외하고 설명할 수는 없다.[19] 불법이민자와 그 자녀의 권리는 환대의 윤리에 따라 보장되

---

19) 인구 출처는 https://www.census.gov/quickfacts/fact/table/US/RHI225222#RHI225222 (검색일: 2023년 11월 12일); 수감자 출처는 https://www.ojp.gov/news/news-release/bjs-releases-preliminary-statistics-incarcerated-populations-2022# (검색일: 2023년 11월 12일).

어야 한다. 트럼프가 불법체류청년 추방유예 프로그램(Deferred Action for Childhood Arrivals; DACA)을 폐지하면서 발생한 수많은 이산가족을 보면서 비애와 분노를 느끼지 않기는 어렵다. 미국은 자유의 횃불 역할을 수행해야 할 패권국으로서의 의무가 있다.

하원 양극화, 1981–2015

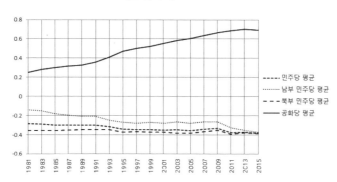

출처: https://legacy.voteview.com/political_polarization_2015.htm (검색일: 2017년 8월 11일).

상원 양극화, 1981–2013

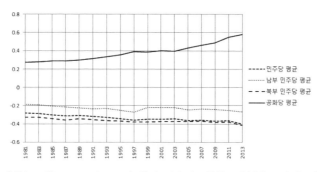

출처: https://legacy.voteview.com/political_polarization_2015.htm (검색일: 2017년 8월 11일).

그러나 이러한 규범에 대한 강조가 충분히 넓은 사회적 공감대를 형성할 수 있는가는 별개의 문제다. 인권은 불행히도 공공재가 아니다. 그랬던 적이 역사적으로 없다. 인권이 공공재인 것처럼 느껴지는 때는 그 인권의 제도화로 인해 손실을 입는 집단의 권력과 영향력이 현저하게 감소할 때다.

민주주의 복원력을 강화하는 인권정치는 가능한가?

반사실적 사고를 하나 해본다. 전후 자본주의 황금기가 1970년대 초에 끝나지 않고 더 지속되어 사회경제적 불평등이 더 확실하게 완화되면서 기술변화와 경제구조 변화에 점진적으로 적응할 수 있는 생산레짐을 갖춘 상태에서 정체성 기반의 인권정치가 펼쳐졌다면 어떠했을까? 아마도 민주주의의 안정성을 해치지는 않았을 것이다. 탈물질주의 가치들이 막 등장하던 1960년대 중후반에 북미와 서유럽에서 권위주의적 반동이 거의 관찰되지 않았던 것은 내장된 자유주의 타협이 건재했기 때문이다. 물질적 안정감은 대체로 사람들을 너그럽게 만들어준다.

1964년 민권법(Civil Rights Act of 1964), 1965년 선거권법(Voting Rights Act of 1965) 통과가 민주당 뉴딜연합의 한 부분인 남부 백인들의 이탈을 초래할 것을 린든 존슨은 너무나 잘 알고 있었다. 그럼에도 불구하고 '짐 크로' 철폐를 단행할 수 있었던 이유는 무엇일까? 텍사스 출신 존슨이 유난히 흑인들의 사정을 딱하게 여겨서 그랬을까? 거슬(Gerstle 2022, 50–53)은 두 가지 이유를 제시한다. 하나는 냉전이다. 소련은 미국 남부에서 자행되던 흑백분리를 글로벌 규모의 반미선동의 좋은 소재로 삼았다. 냉전은 기본적으로 체제경쟁이었다. 미국의 체제는 자본주의와 민주주의가 결합된 것인데, 후자가 뒷받침되지 않는 전자는 결코 매력적이지 않을 것이라는 인식이 팽배했다. 다른 하나는 당시 민권운동가들의 비폭력 저항이 사회적 공감대를 형성했다는 점이다. 1960년대 인권정치가 나름 성공적일 수 있었던 이유는 그 주장이 받아들여질 때 혜택을 입는 사람들이 특정집단이라고 덜 인식되었기 때문이다. 집단이라고 다 똑같은 집단이 아니다. 정치적, 경제적 여건에 따라 어떤 집단은 사회적 권력의 분포에서 유리한 지점을 확보한다.

애초에 인권을 개인적 권리로 국한시키는 것은 위선이며 현실의 왜곡이다. 19세기 중후반 자본주의 국가들에서 인권문제의 핵심은 노동자 권리였다. 20세기 중후반 선진민주주의 국가들에서 인권문제의 핵심은 여성의 권리였다. 21세기로 들어오면서 오래된 자유민주주의 국가들에서 인권문제는 다중적이다. 인종, 종족, 종교, 언어, 성적 취향 등 다양한 정체성 집단들이 권리를 요구하고 있다. 그 집단의 구성원들에게 개인으로서 누리는 표현의 자유는, 정치적으로 보호받지 않으면 언제 어디서 나타날지 모를 전통주의의 폭력 앞에 무력하다. 인권정치는 정체성을 바탕으로 작동할 수밖에 없다. 그것은 집합행위여야 한다.

마거릿 대처가 상상한 현실에는 사회란 없고 개인으로서의 남자, 여자, 그리고 그들이 꾸린 가정이 있을 뿐이었다. 하지만 실재하는 현실에서는 계급, 인종, 지역 등에 따라 개인으로서의 남자, 여자, 그리고 그들이 꾸린 가정의 형편이 다르고 앞날이 달라진다. 생득적으로 부여된 환경의 차이로 인해 서로 다른 출발점에서 시작하는 개인들에게 균질하게 부여되는 권리는 명목에 불과하다. 오해는 없기 바란다. 이름뿐인 개인적 권리는 갖다버리자는 말이 아니다. 천부인권을 향유할 수 있는 실질적 조건을 상이한 환경에서 태어나 자라서 살고 있는 개인들에게 마련해주는 노력이 필요하다. 인권정치는 개인은 사회적으로 구성된다는 전제하에 개인적 권리의 보다 평등한 실현을 위한 기획이어야 한다.

아마도 대다수 인권정치 종사자들 일부는 이미 그렇게 하고 있다고 말할 것이다. 여기서 잭 스나이더의 실용주의 시각(Snyder 2022)을 소개할 필요가 있다. 스나이더는 인권을 증진시키고자 하는 이들에게 "사회적 권력"의 관점에서 문제를 볼 것을 제안한다. 인권은 보편적이기보다는 누군가에는 불편할 수밖에 없는 상황을 만든다. 그 누군가는 대개 기존질서의 수혜자들이다. 그 수혜자들이 아직까지는 상당한 사회적 권력을 쥐고 있을 때 인권정치는 신중하고 사려 깊은 전략을 필요로 한다. 아직 사회적으로 주변화되지 않은 기존체제의 수혜자 집단을 최대한 끌어들일 수 있는 정치연합을 구성해야 한다. 인권증진은 한 사회의 국민적 기획이 될 때 성공가능성이 높을 뿐만 아니라 민주주의 안정성을 해치지 않을 수 있다.

　스나이더의 실용주의적 제안들은 진지하게 고려될 가치가 있다. 그럼에도 불구하고 현재 양극화를 넘어 석회화 단계에 다다른 미국정치에서 온건하고 포용적인 인권정치를 민주당이 펼친다고 하여 이미 'MAGA 공화당'이 되어버린, 링컨과 아이젠하워의 GOP가 아닌, 사실상 1990년대 이후 새로 만들어진 우익 포퓰리스트 정당이 기존의 "합헌적 강경대치"(constitutional hardball; Tushnet 2004) 전략을 자제하리라고 기대할 수 있을까? 민주주의 복원이 "희원적 사고"(wishful thinking)가 아닌 "숙고적 희망"(thoughtful wishing)[20]이 되기 위해서는 온건하고 포용적인 인권정치만으로는 부족하다. 두 가지가 보충되어야 한다. 첫째, 사회경제적 불평등이 문화전쟁의 불쏘시개가 되지 않도록 연방정부의 체계적인 정책개입이 필요하다. 탈산업사회에 알맞은 뉴딜이 절실하다. 둘째, "소수의 전횡" 가능성을 최소화하는 방향으로 기존 정치제도를 개혁해야 한다 (Levitsky and Ziblatt 2023). 스티븐 레비츠키와 대니얼 지블랫이 제시하는 개혁안에는 현재 트럼프 공화당이 획책하고 있는 '투표자 억압'(voter suppression)을 차단하는 방안들, 상원 필리버스터처럼 다수의 정당한 국정운영을 방해하는 행위를 차단하는 방안들이 포함되어 있다. 두 가지 보완책 모두 어려운 일이다. 민주주의를 지키면서 인권을 강화하는 것은 그만큼 큰 도전이다.

---

20) 이 문구들은 오도넬과 슈미터의 1986년 공저의 서문(viii쪽)에 에이브러햄 로웬탈(Abraham F. Lowenthal)이 쓴 표현이다. 이 서문은 1986년 출간된 4부작에 공통으로 실려 있다.

책임소재의 문제

뭔가 사달이 나면 탓할 이를 찾는 것이 인지상정이다. 시스템이나 구조에서 원인을 찾아야 한다는 우아한 말은 잔뜩 화가 난 사람들 귀에 잘 들어오지 않는다. 민주주의 위기는 누구 탓인가? 이 물음은 귀에 쏙 들어온다. 그리고 일견 천차만별의 대답이 쏟아지지만 금세 두 개의 상반되는 생각으로 정렬된다. 정치현상에 관한 근본적인 물음을 두고 이루어지는 대화는 상호이해보다는 말싸움, 감정싸움으로 끝나기 일쑤다. 그렇다고 그냥 조용히 살자고, 제발 그만하자고 말할 수는 없다. 따질 건 따져야 하니까. 그런데 민주주의 위기는 누구 탓인지를 따질 때 잘 묻지 않는 질문이 하나 있다. 혹시 보통사람들 책임은 없는 것일까?

보통사람들이 민주주의에 실망한 나머지 포퓰리스트들에게 표를 던진다고 말할 수 있을까? 이 단순한 질문에 대답하기 위해 래리 바텔스는 유럽사회조사(European Social Survey) 자료를 중심으로 민주주의에 대한 보통사람들의 태도가 이민자를 혐오하고 유럽통합의 더 이상의 진전을 반대하는 쪽으로 나타나고 있는지를 꼼꼼히 점검해보았다(Bartels 2023). 그가 찾은 답은 보통사람들이 이민자를 혐오하고 유럽통합의 더 이상의 진전을 반대한다고 보기 어렵다는 것이었다. 최근 수년 동안 민주주의 위기를 대중담론의 영역으로 옮기는 데 가장 큰 공헌(Levitsky and Ziblatt 2018)을 했다고 해도 과언이 아닌 레비츠키와 지블랫도 독재화의 조력자들을 대중이 아닌 기득권 정치인들에서 찾는다. 훨씬 더 오래전에 이 문제를 천착했던 낸시 버메오는 광범한 비교역사연구(Bermeo 2003)를 통해 독재 수립 과정에서의 보통사람들의 책임을 면해주었다. 정치인들이 일을 망친 것은 분명하다.

그런데 애덤 쉐보르스키는 약간 다른 분석을 제공한다. 주로 2010년대에 미국과 유럽에서 행해진 여론조사와 혐오범죄 통계를 살펴본 뒤 쉐보르스키는 사회양극화와 정치양극화의 인과관계는 명확하지 않다고 말한다. 정치인들이 주요 사안과 쟁점의 극단적 대립을 조장하는 측면이 분명히 있지만, 보통사람들의 가치와 태도가 양극화된 측면도 부정할 수 없다. 밋밋하기는 해도 지금으로서 가장 안전한 결론은 사회양극화와 정치양극화가 상호증폭의 관계에 있다는 것이다. 따라서 민주주의 위기를 정치인들 탓으로 설명하는 것은 너무 단순한 논리다(Przeworski 2019, 120-122).

포퓰리즘 득세는 정치적으로 설계된 것인 만큼이나 그 설계 이전에 이미 바뀐 세상 민심을 반영하는 것이다. 자유민주주의에서 안식처를 찾지 못한 보통사람들이 다시 정치공동체의 건강한 구성원으로 돌아오게 하려면 자유주의와 민주주의의 적절한 균형을 회복하는 노력이 절실하다. 경제적 불평등에 대한 체계적 해법을 모색하고 정체성 기반 인권정치를 좀 더 현실주의적으로 펼쳐나가는 것이 그 출발점이 되어야 한다. 결국 일은 정치인들이 하는 것이지만 학자들, 언론인들, 시민들이 이런 균형적 사고를 공유하는 것은

소중한 첫걸음이다. 온건한 생각은 오래 가고 결국에 세상을 바꿀
수 있다.

정치연구총서 04

2장
한국 민주주의는 퇴행하고 있는가?

민주주의의
퇴행

민주주의의 퇴행

　이 장에서는 '한국 민주주의가 퇴행하고 있는가?'라는 질문에
대해 정확한 진단을 내리기 위해 필요한 개념적 정의와 분석 가이
드를 살펴본다. 그리고 민주주의 퇴행과 위기에 관한 정치학적 논
의들을 소개한다.

　최근 들어 헝가리, 튀르키예, 베네수엘라 등 신생민주주의 국가
뿐만 아니라 미국의 트럼프 정부와 같이 오래된 민주주의 국가에
서도 민주주의 가치와 제도가 잠식되는 현상을 목도하면서, 정치
학에서 민주주의 퇴행(democratic backsliding)에 관한 연구들이 진행
되어왔다. 민주주의 체제가 군부 쿠데타 등에 의해 폭력적으로 전

복되는 민주주의 붕괴(democratic breakdown)와 달리, 민주주의 퇴행의 특징은 민주적 선거를 통해 집권한 현직자에 의해 민주주의를 유지하는 데 중추적인 민주주의 가치와 규범, 그리고 제도가 점진적으로 약화된다는 점에 있다(Bermeo 2016; Haggard and Kaufman 2021a).

민주주의 퇴행은 "민주주의의 특성이 불연속적이고 점진적으로 잠식되는" 현상을 말한다(Waldner and Lust 2018). 미국의 비교정치학자 해거드와 카우프만(Haggard and Kaufman 2021a)은 민주주의 퇴행을 "합법적으로 선출된 정부의 행동에 의해 민주주의 제도, 규칙, 규범이 점진적으로 잠식되는 것"(p.27)이라고 정의한다. 정치, 사회 양극화가 대중들의 정치제도에 대한 신뢰를 낮추고, 선거를 통해 집권한 이후에 집권자가 행정부 권력을 강화시키면서 의회의 견제 역할을 약화시킨다. 정치양극화는 정책과 이념이 갈라지면서, 극단적인 경우 여러 다양한 이슈와 균열들이 '우리' 대 '그들'(us versus them)이라는 하나의 균열로 중첩된다. 당파성은 점점 이슈에 대한 태도보다는 정체성과 동일시되면서, 정치경쟁의 상대는 경쟁자가 아니라 적으로 인식된다.

양극화는 민주주의에 해롭다. 대중은 민주주의 정치제도의 작동 방식에 대한 불만과 불신을 갖게 된다. 주류 정당들은 극단적 분파에 의해 장악되거나 새로운 포퓰리즘 운동에 의해 밀려날 확률이 높다. 포퓰리즘 운동은 '우리 대 그들'의 구도를 활용해서, 특히 고결한 인민 대 부패한 엘리트의 구도로 정치를 재구성해내면서,

부패한 엘리트들이 인민의 이익을 가로막으므로 포퓰리스트 본인이 척결하겠다는 것이다(Mudde and Kaltwasser 2017). 그런데 민주주의 퇴행이 반드시 포퓰리즘 운동과 결합되어 진행되는 것은 아니다. 민주주의라는 명목 아래 민주주의가 쇠퇴해가는 셈이다. 특히 입법부의 권한이 약화될수록 민주주의 퇴행은 자주 일어난다. 또, 그 과정은 조용히 진행된다. 민주주의 정치경제학 분야의 세계적 석학인 애덤 쉐보르스키(Adam Przeworksi 2019)가 언급했듯이 오늘날 민주주의 위기는 눈에 드러나지 않게 숨어서 나타난다(crisis by stealth).

민주주의 퇴행의 특징적 징후들

민주주의 퇴행에 관한 선구적 연구자인 프린스턴 대학교의 낸시 버메오(Bermeo 2016)는 민주주의 퇴행 연구의 어려움에 관해 언급한다. 그것은 첫째, 매우 광범위한 현상이 포함되기 때문에 민주주의 퇴행을 구체적으로 개념화하기가 매우 어렵다는 점과 둘째, 언제, 어느 수준의 퇴행이 민주주의 퇴행이라 분석되는지에 대한 사전적(ex ante) 기준을 갖추기 어렵다는 점이다. 다시 말해, 특정 국가의 특정 국면에서 관찰되는 현상이 민주주의의 퇴행인지 여부를 판단할 수 있는 사전적 준거가 존재하지 않는다. 이런 점에서 어쩌면 민주주의 퇴행 연구는 사후적(ex post) 평가만 가능할지도 모른다. 이러한 제약에도 불구하고, 민주주의 퇴행 현상을 정확하게 관측하고 진단하는 것은 매우 중요하다.

버메오는 민주주의 퇴행 현상을 특징짓는 세 가지 공통점을 제시한다(Bermeo 2016). 첫째, 행정부 권력증대(executive aggrandizement)다. 합법적 선거를 통해 집권한 행정부 수반(대통령 또는 총리)이 특정한 내용과 방향의 정책을 추진하거나 권력 연장 등을 위해 행정부 견제 기능을 하는 입법부와 사법부를 무력화시키는 것이다. 이러한 과정은 의회와 집권당 내에 자신에 대한 충성파(loyalists)를 확대시키면서 세력을 확장하고, 사법부에 자신의 뜻을 거스리지 않을 것으로 보이는 법률가들을 포진시키는 방식으로 진행된다. 결과적으로 행정부 권력이 강력해지고, 그에 대한 견제 및 균형 기능을 하는 입법부와 사법부는 상대적으로 무력화된다. 집권당과 의회는 행정부 권력의 정책 의지를 충실하게 전달하는 기구에 불과해진다. 사법부는 전문가적 법리 해석의 수단을 통해 입법 당시 법의 정신과 취지에 반한 판결을 양산한다. 행정부 권력증대는 사실 상대적인 개념이다. 즉, 행정부 권력을 강화시킨다는 의미라기보다는 견제와 균형 기능을 하는 입법부와 사법부의 활동을 억제하거나 우회함으로써 상대적으로 행정부 권력행사에 따른 지배가 활성화된다는 의미를 갖는다.

둘째, 반대당(야당) 괴롭히기다. 끊임없이 집요하게 반대당 의원들 및 잠재적 경쟁자를 악의 무리 또는 부패한 집단으로 프레이밍해서 대중들에게 인식시키려 하고, 검찰, 경찰, 정보기관 등의 억압적 국가기구를 동원하고 사법적 수단을 통해서 고발, 수사, 기소의 과정을 밟는다. 집권자로서는 사법적 결과가 중요한 것이 아니다. 오히려 이러한 과정에서 언론에 노출된 반대당 경쟁자들의 이미지 훼손 및 대중의 인식에 미치는 효과가 중요하다. 왜냐하면, 그럼으로써 다음 선거에서 집권당 또는 현직자의 집권을 연장할 수 있기 때문이다.

이러한 점은 세 번째 특징인 자유롭고 공정한 선거에 대한 교묘한 개입과 연결된다. 민주주의의 중요한 제도적 기제인 선거에 대한 개입은, 시민들의 광범위한 저항을 가져올 수 있는 부정선거 개입 등의 노골적인 방식이 아니라 그보다 훨씬 교묘한 형태로 이루어진다. 예를 들어, 야당 지지가 높은 선거구의 투표소 개수 축소, 집권당에 유리한 방향으로의 선거구 재획정, 야당의 선거 캠페인 활동에 대한 교묘한 방해, 집권당 선거 캠페인에 정부예산 활용 등이 있다. 이리한 특징을 갖는 민주주의 퇴행 과정의 핵심 메커니즘은 행정부 권력증대다.

민주주의에서 책임성은 수평적 책임성(horizontal accountability)과 수직적 책임성(vertical accountability)으로 구분된다. 수평적 책임성은 행정부의 권력행사와 정책 집행 과정이 입법부와 사법부에 의해 견제되고, 그에 대해 책임을 진다는 개념이다. 의회가 행정부 정책과 활동에 대해 책임을 따져 묻고, 사법부가 행정부의 권력 행사가 위헌적 요소가 있는지 책임을 따져 묻는 것이 민주주의의 핵심이라는 것이다. 이런 점에서 볼 때, 의회와 사법부를 무력화하거나 우회함으로써 행정부 권력을 강화하는 민주주의 퇴행은 수평적 책임성을 약화시키는 것에 다름 아니다. 수직적 책임성은 집권 정부가 집권 시기 정책 및 활동과 관련해서 시민과 유권자에 대해 책임을 진다는 개념이다. 이는 대체로 선거를 통해 유권자의 심판을 받는 것을 가리킨다. 유권자들은 집권정부의 수행 업적 등에 대한 회고적 평가에 근거해서 투표로 보상하거나 처벌하는 것이다. 앞에서 언급한, 선거에 대한 교묘한 개입이라는 민주주의 퇴행 현상은 유권자들이 집권정부에 대해 책임을 따져 묻는 기제로서의 선거, 그리고 유권자가 여러 선택 대안 중에서 가장 유능하고 가장 민주적인 대안을 선출하는 기제로서의 민주주의 선거의 의미(Przeworski et al. 1999)를 퇴색시키고 잠식하는 것이라고 할 수 있다.

민주주의 퇴행의 조건

민주주의 퇴행에 관한 연구들은 강한 부정적 당파성(partisanship)과 정치적, 정서적 양극화(polarization)를 민주주의 퇴행의 환경적 조건으로 지적한다. 당파성과 양극화는 서로 밀접하게 연결되어 있다. 또한 이 두 가지 조건은 정치엘리트 수준과 시민대중 수준 모두에게 적용된다. 당파성은 하나의 사회적 정체성(social identity)으로서 작동하면서, 특정 정당에 대해 강한 애착과 일체감을 갖는 정치인과 대중들이 정치 현안, 정책, 주요 이슈를 바라보는 관점을 제공하며, 정보의 지름길(information shortcut)로 작용한다(Iyengar et al. 2012). 예를 들어 평등법(차별금지법) 제정에 대한 태도나 안보 이슈에 대한 태도, 또는 경제정책에 대한 입장이 합리적 의사결정의 과정을 거쳐서 형성되는 것이 아니라, 내가 지지하는 정당, 내가 속한 정당 리더십의 입장에 따라 형성된다. 나아가서 정당 리더십이 특수이익집단이나 강성지지층에 의해 포획(capture)되어 있다면, 강한 당파성을 갖는 시민들의 정책선호나 정치적 선택 역시 간접적으로 포획되는 것이다.

정치양극화(political polarization)는 엘리트 수준에서는 의원들의 소속 정당과 이념성향이 일대일 매칭이 이루어지는 현상을 가리킨다. 즉 대부분의 미국 공화당 의원들이 이념적으로 보수이고, 대부분의 민주당 의원들이 이념적으로 진보인 경우다. 또한 시민대중 수준에서 모든 공화당 지지자들은 이념적 보수, 모든 민주당 지지자들은 이념적 진보인 경우를 가리킨다. 정치양극화의 정도가 심한 경우, 자연스럽게 두 거대 정당의 정책 입장은 서로 커다란 차이를 보이며 구별된다(McCarty et al. 2006).

정서적 양극화(affective polarization)는 이념이나 정책 차원을 넘어서서 나와 다른 당파성을 갖는 사람들에 대해 적대적 태도를 갖거나 서로 손절하는 현상에 관한 개념이다. 예컨대 국민의힘 지지자가 민주당 지지자와 사귈 의향이 없다든가, 민주당 지지자가 국민의힘 지지자인 사위를 맞이하는 것을 탐탁지 않게 생각하는 등의 현상이다. 정서적 양극화는 부정적 당파성(negative partisanship)의 심화 현상으로 이어지는데, 부정적 당파성이란 내가 특정 정당 또는 특정 정치인을 싫어하는 나머지, 그것이 유일한 정치적 선택의 기준으로 작동하는 것을 가리킨다. 예를 들어, 지난 대통령선거에서 '이재명 후보가 너무 싫어서' 또는 '문재인 정부가 한 일들이 싫어서' 윤석열 후보를 선택한 경우를 가리킨다.

정체성으로서의 당파성에 근거한 정치양극화는 민주적 수단을 통해 선출된 집권자가 합법적 수단을 동원해서 서서히 민주주의 가치와 규범, 제도를 잠식하는 것에 유리한 환경을 제공한다. 양극화가 민주주의 퇴행의 조건적 맥락이 되는 이유는 다음과 같다. 첫째, 당파성에 따른 정체성정치(identity politics)가 활성화되면서, '우리'가 아닌 '그들'을 무력화하는 것을 쉽게 정당화할 수 있고, '선과 악'의 대결적 구도를 프레이밍하는 것이 쉬워지기 때문이다. 대중 동원화에 따른 비용이 줄어드는 것이다. 둘째, 당파성과 양극화의 정도가 심화된 맥락에서 유권자들은 당파적 이익, 이념적 어젠다 수호, 당파적 엘리트로부터의 시그널 이라는 세 가지 메커니즘을 통해 민주주의 가치와 원칙을 어기는 후보자를 지지하게 된다(Svolik 2019). 정치지도자의 비민주적 행위는 공정하고 자유로운 선거, 시민적 자유, 그리고 법의 지배라는 민주주의의 근본적 기초를 위배하는 행위를 가리키는데, 당파성과 양극화가 심화된 맥락은 이러한 비민주적 행위를 통해 민주주의를 내부로부터 잠식하는 데에 유리한 환경을 제공하는 것이다.

유권자 투표선택과 민주주의 퇴행

합법적 선거를 통해 집권한 현직자가 민주주의 가치와 규범, 제도를 잠식하는 동기는, 추진하고자 하는 정책을 실현하고 싶은 경우(정책재량)와 집권기간의 연장을 위한 경우로 나눌 수 있다. 이를 억제할 수 있는 행위자는 현직집권자가 수평적 책임성을 가져야할 대상인 입법부와 사법부, 그리고 수직적 책임성을 가져야 하는 대상인 시민과 유권자들로 나눌 수 있다. 민주주의 퇴행의 억제 행위자로서 의회 및 사법부, 그리고 시민과 유권자들이 어떤 선택과 행동을 하는지가 중요하다.

민주주의 국가에서 선거는 민주주의의 자기 보호를 위한 중요한 도구로 작동한다. 왜냐하면, 민주주의를 지지하는 투표자들이 민주주의의 가치와 작동 원리를 잠식하는 정책을 공약하거나 그러한 행동을 보이는 후보자를 선거에서 투표를 통해 물리칠 수 있기 때문이다. 그러나 이러한 민주적 방어기제로서의 선거가 유권자들이 정파적으로, 이념적으로, 그리고 정책적으로 양극화되어 있을 때 제대로 작동하지 않을 수 있다는 논의들이 제시되었다(Graham and Svolik 2020). 비교정치학자 그레이엄과 스볼릭의 주장대로, 양극화된 민주주의 국가에서 유권자들은 "우선적으로 당파적 이익 수호자이고 그다음 두 번째로 민주주의자"(Graham and Svolik 2020, p.392)인 경우가 대체로 많다. 정치적으로 양극화된 맥락에서 유권자들이 당파적 이익을 민주주의 가치보다 우선하게 된다는 점에서 양극화는 민주주의에 해악적이다.

최근 연구들에서 흥미롭게 제기하는 질문은 후보자의 능력과 민주성이 상반된 관계(trade-off) 상황에서 유권자들의 선택이 민주주의에 어떠한 결과를 가져오는가에 관한 것이다. 루오와 쉐보르스키(Luo and Przeworski 2021)에 따르면, 민주주의가 유능한 지도자를 선출할 기회를 제공하는 기제이지만, 시민들이 유능함과 민주주의를 바라보는 인식은 복합적이다. 유능하지만 비민주적인 후보자와 무능하지만 민주주의 수호자 사이의 선택이라면, 대체로 전자를 선택할 것이고, 그 결과 민주주의는 퇴행하게 되어 결국 유능한 민주적 지도자를 선출하는 기제로서의 선거는 무의미해진다.

덴마크의 비교정치학자 프레데릭슨(Frederiksen 2022)은 미국, 영국, 멕시코, 체코, 그리고 한국 시민들을 대상으로 한 컨조인트 설문실험(conjoint survey experiment) 자료를 분석해서, 민주주의의 역사적 경험이 다른 맥락의 국가들에서 공통적으로 시민들이 경제와 부패 이슈에서 유능한 정치지도자라면 비민주적 행위에 대해 관대하다는 경험적 발견을 제시했다. 이러한 발견은 경제성장을 이끄는 지도자라면 부패 등의 잘못된 행위에 대해 관대하다는 많은 연구들과 맥락을 같이 한다. 헝가리의 오르반(Orbán), 베네수엘라의 차베스(Chavez), 그리고 튀르키예의 에르도안(Erdoğan) 등은 모두 부패와의 전쟁과 경제문제 해결을 위한 포퓰리즘적 대안을 제시했고 어느 정도 성과를 거두었으며, 유권자들의 지지를 받았다(Albertus and Grossman 2021). 경제위기의 반복적인 도래와 고용 불안, 그리고 소득 및 자산불평등의 심화가 시민들의 불안과 불만을 가져오는 상황에서 시민의 정치양극화가 심화되면서, 민주적 가치와 규범에 대한 준수보다는 경제문제에 대한 해결 능력이 있는 유능한 후보자를 선출하는 것이 중요하다는 인식이 확산될 수 있다. 한국의 경우 '박정희 노스탤지아'로 표현되었던, 급속한 경제발전을 이루었던 권위주의 체제에 대한 복고적 향수가 이와 맞닿아 있다(강우진 2019).

한국 민주주의의
퇴행

한국의 정치양극화와 민주주의

앞 장에서 제시한 민주주의 퇴행에 대한 개념적 정의, 특징적 징후 및 조건에 관한 이론적 논의에 이어, 이번 장에서는 한국의 민주주의가 퇴행하고 있는가를 진단한다. 우선 이 절에서는 스웨덴 예테보리대학교의 〈민주주의의 다양성〉(Varieties of Democracy: V-Dem) 프로젝트 지표를 활용해서 한국의 정치양극화와 민주주의 지수의 추이를 살펴본다. 또한 〈국회의원선거 유권자 조사〉를 활용해서 한국의 정서적 양극화 정도를 측정하고 추이를 분석한다. 다음의 그래프는 한국과 전 세계의 민주주의와 양극화 추이를 보여준다.

한국

세계평균

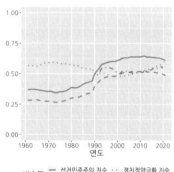

자료: V-Dem project; 〈국회의원선거 유권자 조사〉

    선거민주주의(polyarchy) 지수는 공정하고 경쟁적인 선거가 시행되며, 선거를 통해 국가의 요직이 결정되는지, 그리고 선거 시기에 표현의 자유가 보장되는지 등을 기준으로 측정된다. 민주주의 연구의 석학 로버트 달(Dahl 1971)이 그의 저서 『Polyarchy』에서 제시한 두 가지 기준인 경쟁(contestation)과 참여(inclusion)를 반영한 것이다. 자유민주주의 지수는 공권력 또는 다수의 횡포로부터 개인의 권리가 얼마나 잘 보호되는지를 반영하는 지표다. 헌법상 기본권의 보장, 법치국가 원칙의 적용 수준, 사법부 독립성, 권력의 분립과 상호 견제, 공권력 사용의 제한 등을 기준으로 측정된다. 정치양극화 지수는 정치적으로 의견이 다른 사람들이 서로 친근하게 상호작용하는 사회인지를 0-4의 척도로 측정한 것이다. 0은 정치적 의견이 다른 사람들이 친근하게 상호작용하는 사회를 가리키고, 4는 상호작용이 적대적인 사회를 나타낸다. 앞의 그림에서는 이 수치를 0-1로 변환해서 사용했다.

정당개인화(party personalism) 지수는 미국정치학자 프란츠와 그의 공저자들(Frantz et al. 2021)이 측정한 지표로서 정당 내에서 특정 정치인의 영향력이 다른 정치인들보다 커서 정당이 그 정치인의 정치적 출세와 정책 추구의 도구가 되는 정도를 나타내는 지표다. 정서적 양극화는 한국사회과학데이터센터의 〈국회의원선거 유권자 조사〉 자료 중 2004년부터 2020년까지 국회의원선거 시기에 실시된 조사들을 활용해서 측정했다. 지지율이 높은 상위 2개 정당을 지지하는 응답자들을 대상으로 해서 "가깝게 느끼는 정당이 있다면 어느 정당입니까?"라는 문항을 활용했다. 각 정당에 대한 감정온도(feeling thermometer)에 대한 응답(0-10)을 활용해서 '지지하는 정당에 대한 감정온도 - 상대 정당에 대한 감정온도'로 측정했다. 가장 높은 정서적 양극화 수치는 10이고, 두 정당에 대한 감정온도가 같을 경우(무차별적일 경우)는 0이다. 이를 0-1로 변환해서 앞의 그림에 포함했다.

앞의 그림의 왼쪽 패널을 보면 한국의 선거민주주의 지수와 자유민주주의 지수가 유사한 추이를 보여주는 것을 알 수 있다. 박정희와 전두환 권위주의체제에서 매우 낮은 수치를 보였고, 1987년 민주화 이후에 급격하게 상승해서 김대중, 노무현 정부를 거치면서 높은 수치를 기록하다가 이명박, 박근혜 정부 시기에 감소

했으며, 문재인 정부 시기에 다시 상향하는 추이를 보인다. 윤석열 정부 시기는 이 자료에 포함되어 있지 않기 때문에 반영되지 않았다. 자유민주주의 지수도 유사한 추이를 보이는데, 선거민주주의 지수에 비해 낮은 수치를 기록하고 있다. 정치양극화 지수를 보면, 권위주의 시기에 0.75로 높은 수치를 보였고(대체로 정치적 의견이 다른 사람들이 상호작용을 적대적으로 하는 사회), 민주화 이후 0.5를 기록하다가(적대적이지도 않고 친근하지도 않은 상호작용), 박근혜 정부 시기인 2015년 이후 권위주의 시기와 같은 0.75를 기록하고 있다. 박근혜 정부와 문재인 정부를 거치면서 정치양극화 수준이 이전 권위주의 시기와 같은 정도로 나타난 것이다. 정치양극화가 민주주의 퇴행을 시도하는 정치엘리트들에게 유리한 환경을 제공하지만, 민주주의 퇴행의 원인은 아니다. 제도적 요인의 매개가 필요하다. 한국 자료가 보여주는 점은 정치양극화의 심화는 2016-2017년 박근혜 정부 시기 촛불집회와 탄핵 국면을 거치면서 진행되었다는 것이다. 그리고 민주주의 퇴행의 다양한 징후들이 문재인-윤석열 정부 시기에 관찰된다는 점이다.

2004-2020년 시기를 대상으로 측정된 정서적 양극화 지수의 경우, 2016년 국회의원선거 시기에 가장 낮은 정서적 양극화 정도를 나타낸 반면에 2020년 국회의원선거 때 가장 높은 정서적 양극화 수준을 기록했다. 즉 지지하는 정당에 대한 감정과 상대 정당에 대한 감정온도의 차이가 극명하게 크게 나타난 것이다. 정당개인화 지수를 보면, 마찬가지로 2016년 이후 높은 수치를 보여주고

있다. 특정 정치인의 영향력이 다른 정당정치인들에 비해 과도하게 큰 상황을 반영한 것이라고 할 수 있다. 정당개인화와 정치양극화 지수가 유사한 추이를 보인다는 점을 지적할 만하다. 특정 정치인 개인을 중심으로 정당정치가 작동하면서 그 정치인을 맹목적으로 지지하는 강성지지층의 결집이 정당 간 양극화로 이어지는 방식이다.

앞 그림의 오른쪽 패널은 자료에 포함된 모든 국가들의 평균 수치들을 보여준다. 선거민주주의와 자유민주주의 지수는 1980년대 말과 1990년대 초반 구사회주의권 붕괴와 민주화의 제3의 물결 이후 상승한 것을 발견할 수 있다. 동시에 최근 들어 선거민주주의와 자유민주주의 평균 지수가 약간 감소하는 추이인 것도 관찰할 수 있다. 이는 민주주의 퇴행의 움직임과 연관되어 있다. 정치양극화 지수는 이와 맞물려 이전 시기보다 최근에 상승하는 것을 볼 수 있다.

한국정치는 왜 양극화되는가?

이 절에서는 한국 정치양극화 심화의 제도적 메커니즘에 관해 논의한다. 여기에서 제시하는 세 가지 제도적 요인 이외에도 정치양극화를 심화시키는 구조적 요인들도 존재한다. 소득불평등 및 자산불평등의 심화가 대표적이다. 소득 및 자산불평등의 심화, 그리고 실업 및 고용불안 등의 구조적 문제가 민주주의 퇴행 사례들에서 공통적으로 발견되는 현상이기도 하다. 경제적 문제와 민주주의 퇴행을 연계하는 다양한 매개 요인에 대한 연구가 중요한 연구주제가 될 수 있다.

다만 여기에서는 제도적 요인과 정당정치에 초점을 두고 논의한다. 한국 민주주의가 퇴행하는 것이 정치제도의 문제인가, 정치엘리트들의 행태와 리더십의 문제인가는 논의의 쟁점이다. 사실 제도개혁이 먼저냐, 아니면 정치인들의 행태와 정치문화의 개선이 먼저냐의 문제는 오래된 논쟁이다. 여기에서는 특정한 제도가 정당과 정치인들의 인센티브 구조를 변화시킴으로써 특정 방향으로의 행태를 유인하거나 억제할 것이라는 합리적 선택 제도주의(rational choice institutionalism)의 관점에서 논의를 진행한다. 제도는 인간의 선택과 행위를 특정한 방향으로 유인하기도 하지만, 또한 특정한 선택과 행위를 하지 않도록 제약하기도 한다.

(1) 승자독식의 정치제도

한국 정치양극화를 추동하는 제도적 메커니즘으로 승자독식(winners-take-all)의 정치제도를 들 수 있다. 한국의 대통령선거나 국회의원선거제도를 보면, 1인의 대표를 선출하는 선거구에서 단순다수제—과반득표 여부에 상관없이 최다득표자가 승자가 되는 제도—로 승자가 결정되고, 승자가 권력을 차지하는 제도다. 득표율이 뒤처지는 다른 정당과 연립정부를 구성해서 권력을 공유하는 의회제(의원내각제)의 원리와 반대로 대통령제에서는 한 표라도 더 많이 득표를 한 승자가 권력을 독점적으로 차지하고 행사한다. 우리나라 국회의원선거는 소선거구 지역구 의석 253석과 비례대표 의석 47석을 선출하기 위해서 투표자가 지역구 후보와 정당명부 비례대표에 대해서 두 표를 행사하는 혼합제(mixed system) 선거제도를 통해 치러진다. 하지만 소선거구 지역구 의석비율이 압도적으로 높아 다수제우위의 혼합제도다. 각 정당의 득표율과 의석률이 매우 불비례적(disproportional)이다. 즉, 거대정당은 득표율에 비해 높은 의석률을 차지하고, 군소정당들은 득표율에 비해 매우 낮은 의석률을 점하게 된다. 국민의힘과 민주당 두 거대 정당에 절대적으로 유리하게 설계된 제도다. 예를 들어, 의석으로 전환하는 공식이 매우 복잡하게 설계된 준연동형 비례대표제와 두 거대 정당들의 비례대표 위성정당 참여로 치러진 2020년 국회의원선거에서 더불어민주당은 지역구에서 49.9%, 미래통합당은 41.5%를 득표한 반면에, 의석수는 163석과 84석을 각각 차지했다. 득표율과 의석비율 간의 불비례성이 극단적으로 표출된 선거였다(김형철 2020).

두 거대정당에게 절대적으로 유리한 현행 국회의원선거제도는 두 거대정당에 의한 정치양극화를 초래하는 제도적 메커니즘이 된다. 제3당, 제4당이 상당한 의석수를 갖고 의회에서 대표되지 않는 한, 정당정치의 양극화는 해결되기 어렵기 때문이다(강원택 2021). 선거제도와 정당체제의 상관관계를 밝힌 뒤베르제의 법칙(Duverger's law)에 따르면, 소선거구 단순다수제는 양당제와 친화성이 있고, 비례대표제는 다당제와 연결되는 경향이 있다. 소선거구 단순다수제가 거대정당에 유리한 선거공식(electoral formula)—득표를 의석으로 전환하는 제도적 포뮬라—을 갖는다는 점, 그리고 유권자가 자신의 선호에 조응하는 정당 및 후보자가 지역구에서 당선될 가능성이 없다는 점을 인지하고, 전략적으로 차선의 후보를 선택하는 전략적 투표(strategic voting)와 잠재적 군소정당 후보자가 낮은 당선 가능성 때문에 전략적으로 출마하지 않는 전략적 진입(strategic entry)을 유발한다는 점이 메커니즘으로 작동한 결과다. 한국이 국회를 구성할 때 사용하는 선거제도의 특징인 승자독식의 정치제도는 선거경쟁과 의회과정에 참여하는 정당리더십과 정당구성원들로 하여금 선거를 제로섬적 경쟁과 대결로 인식하게 만들고, 부정적 당파성을 심화시키고자 하는 인센티브를 제공한다. 정치양극화의 제도적 메커니즘으로 작동하는 것이다.

한국의 대통령제 또한 정치양극화를 추동하는 제도적 메커니즘이다. 승자독식의 정치에서 권력공유나 타협의 정치를 추구할 인센티브는 매우 적다. 선거에서 승리해서 집권한 세력은 임기 동안 막강한 권력을 행사할 것이고, 이전 정부가 추진했던 정책들을 비판하고 뒤집는 일에 막대한 정부예산과 공권력을 투입하는 악순환이 발생하게 된다. 미국에서 트럼프 집권 후 1년 동안 한 일은 미국의 공공의료보험 사각지대를 줄였던 오바마케어 등 오바마 행정부가 했던 주요 정책들을 뒤집는 일뿐이었다(McCoy et al. 2019). 윤석열 정부가 현재 하는 일의 대부분은 문재인 정부가 추진했던 정책이나 당시 일들을 수사하거나 뒤집는 일이라고 할 수 있다. 승자독식의 대통령제에서 나타나는 이러한 행태는 유권자들의 부정적 당파성(negative partisanship)을 강화시키고, 양극화를 부추기는 효과를 갖는다(Abramowitz and Webster 2016). 부정적 당파성의 강화와 양극화가 가져오는 해악적인 결과는 타협, 합의, 그리고 상대방에 대한 관용을 정치와 사회에서 사라지게 만든다는 점이다.

　한국의 대통령제는 행정부가 예산편성권과 법률안발의권을 갖고 있다는 점에서 미국의 대통령제보다 훨씬 더 강력한 권한을 갖는다. 미국에서는 오직 입법부 의원만이 법률안발의권을 갖고 있으며, 의회 소속의 기구가 예산편성을 주도한다. 강력한 권한을 갖는 대통령제를 갖는 한국에서 민주화 이후 대통령선거캠프를 중심으로 정부가 구성되고, 집권당과 의회를 대통령 충성파로 충원하고, 입법부의 활동을 제약하거나 반응하지 않으면서 우회하는 정책을 펼치는 현상이 관찰되어왔다. 이것이 강력한 대통령제라는 승자독식의 제도 때문인지, 취약한 민주주의 규범을 갖는 정치엘리트들의 행태와 문화 때문인지를 판별하는 것은 쉽지 않은 작업이다. 또한 민주화 이후 강력한 단임 대통령제와 소선거구 중심의 선거제도는 지속적으로 유지되어 왔는데, 민주주의 퇴행 현상은 비교적 최근 들어 관찰되는 현상이라는 점을 주목하게 된다. 어쩌면 승자독식의 정치제도와 그것이 유인하는 정치엘리트들의 행태가 정치양극화의 심화와 결합될 때, 비민주적 정치엘리트에 의한 민주주의 퇴행의 계기가 발생하는 것일지도 모른다.

(2) 강성지지층에 의한 정당포획

민주주의 연구의 고전적 저작인 앤서니 다운스(Anthony Downs 1957)의 공간이론은 단순다수제하에서 경쟁하는 두 정당은 중위투표자(median voter)의 쟁점위치(issue position)와 일치하는 공약을 제시할 때 과반 득표를 획득해서 승리할 수 있기 때문에, 두 정당의 쟁점위치는 중위투표자의 위치로 수렴(convergence)할 것이라는 예측을 도출한 바 있다. 그런데, 밀러와 스코필드(Miller and Schofield 2003)의 연구는 미국 민주당과 공화당의 쟁점위치가 왜 서로 거리를 두고 떨어져 있는가라는 의문으로부터 시작한다. 미국의 정치학자 밀러와 스코필드에 따르면, 민주당과 공화당이 중위투표자의 쟁점위치로 수렴하지 않는 이유는 중위투표자보다 훨씬 더 진보적 입장을 취하는 민주당 활동가들(activists)—노동조합 등—과 중위투표자보다 훨씬 더 보수적 입장을 갖는 공화당 활동가들—전미총기협회, 복음주의 기독교 집단 등— 때문이다. 활동가들은 정당에 정치자금과 조직적 동원력을 제공하면서 정당이 활동가들의 쟁점위치에 근접하는 정책을 제시하고 선거 승리 이후에 시행할 것을 유인하게 된다. 특히 선거에 출마할 후보를 선출하는 예비선거(primary election)에서 유권자집단이 당원에 국한되는 경우에 활동가들의 영향력은 극대화된다.

한국 정당들은 강성지지층에 의해 포획되었다. 정당포획(party capture)이다. 밀러와 스코필드가 미국 정당정치에서 언급했던 당내 활동가를 현재 한국 정당에 적용하면 다름 아닌 강성지지층일 것이다. 더불어민주당의 경우 '친문 친명 강성지지층'이고, 국민의힘은 '보수 기독교세력과 태극기부대'다. 두 정당 모두 당내 경선을 통해 공직후보자를 공천하는 제도가 도입되면서, 강성지지층의 조직적인 당원투표의 영향력으로부터 정치인들이 더 자유롭지 못하게 되었다. 국민의힘 당대표 선거나 대선후보 경선 때 당원투표, 이른바 '당심'을 잡는다는 의미는 강성지지층의 지지를 받는다는 것인 동시에 그 영향력에 포획된다는 의미이기도 하다. 더불어민주당 강성지지층의 문자폭탄 위협의 해악적 결과는 소속 의원들의 자기검열 효과이고, 더 강경한 언행을 공식적으로 할 때 당심의 인기가 올라가는 현상을 가져온다. 2017년 대선후보 경선과정에서 문재인 후보의 '선거경쟁에 흥미를 주는 양념'이라는 발언으로, 더불어민주당은 강성지지층에게 공식적으로 포획되었다. 대표적인 하나의 사례를 들자면, 문재인 정부 시기에 한겨레신문이 오래된 사내 기준에 따라 대통령 영부인을 '김정숙 씨'라고 썼다가 열성 지지자들의 절독운동 위협을 받고, 결국 영부인 호칭에 대한 사내 기준을 수정했다. 강준만(2021)이 전하는 바에 따르면, 홍세화는 이러한 팬덤 현상을 보면, 민주주의가 성숙이 아닌 퇴행의 모습을 보이고 있다고 언급한 바 있다고 한다(p.146).

정치학자 이내영(2011)은 한국 사회의 이념갈등의 심화가 일반
시민들 사이의 이념대립과 양극화가 커졌기 때문이 아니라, 정당
리더십과 의원들의 이념대립과 양극화가 초래한 것이라는 연구결
과를 보고했다. 그런데, 정당리더십과 의원들의 양극화는 지지자
들에게 당파적 시그널로 작동하면서, 시민들의 양극화로 이어진
다. 한국정치에서 진영화나 진영 논리가 심각한 문제로 대두된 것
은 전체 유권자 수준에서 이념적 격차가 늘어난 것이 아니라 정당
과 강성지지층에서 적대와 배제의 동원화가 심화된 것이 그 이유
라고 할 수 있다. 2020년 조사에 대한 분석 결과, 한국 유권자들의
상당수가 당파성을 자신의 중요한 정체성 중 하나로 인식하고 있
었으며, 당파적 정체성은 정당일체감과 정치이념의 강도가 높아질
수록 강해졌다는 발견이 보고되었다(김기동 · 이재묵 2021). 이러한 현
상은 쉐보르스키가 오늘날 민주주의의 위기를 논하면서 언급했던,
약한 정당정치와 강한 당파성을 갖는 시민들의 등장의 조합과 맞
닿아 있다(Przeworski 2019).

더불어민주당 강성지지층이 진보적 쟁점위치를 갖고, 진보적
정책 추진을 위해 움직이는 집단은 절대 아니다. 정당개인화(party
personalism)와 정치양극화, 그리고 부정적 당파성 및 정서적 양극
화의 심화에 결정적인 촉매로 작동한 집단인 것은 분명하다. 한국
정당들이 노동조합이나 다른 시민사회 조직과의 연계가 사라지면
서 강성지지층에 의해 포획되는 과정을 거치면서 한국 정당의 개
인화와 부정적 당파성이 심화되었다. 비례대표제에 비해서 단순다

수제는 정당 프로그램 중심의 선거경쟁보다는 개인 후보자 중심의 선거경쟁(candidate-centered competition)을 초래한다는 점은 잘 알려져 있다. 이러한 점에 비춰 볼 때, 단순다수제 선거제도와 시민사회와의 연계 결여, 그리고 강성지지층에 의한 정당포획은 한국정치의 개인화 및 양극화를 가져온 중요한 원인이라고 할 수 있다.

(3) '우리'와 '그들'의 제로섬적 대결

단순다수제 승자독식 선거제도와 강성지지층에 의한 정당포획이 진행되면서 정당리더십과 정치인들은 선거경쟁과 정치과정에서 '선과 악'의 대결 또는 '우리'와 '그들'의 대결 프레이밍을 활용할 인센티브를 갖게 되었다. 부정적 당파성을 자극하는 것이다. 나의 경쟁자는 '악'이고, '우리'가 아닌 '그들'인 데다 정치적으로 부패한 기득권 집단이라는 프레이밍을 통해 네거티브 캠페인에 집중한다. 유권자들은 상대 정당, 상대 후보자가 '부패하고 위선적이기 때문에' 싫어서 다른 정당, 다른 후보를 지지하는 것일 뿐이다. 이러한 제로섬적 대결 구도를 만드는 것은 당파적 이익을 추구하는 데 도움이 될지언정 장기적으로 볼 때 유권자들의 정치무관심과 혐오를 부추기는 작용을 한다.

역사사회학자 오유석(2019)이 지적하듯이, 2016년 말 촛불시위와 2017년 대선과정을 거치면서 '적폐청산'이 중요한 화두가 되었고, 문재인 정부의 최우선 국정과제가 되었는데, 문제는 거의 모든 정권마다 집권 직후 '적폐청산'을, 공식적으로 표명하든 아니든 간에, 수행해왔다는 점이다. 한국 사회에서 적폐청산은 반대 세력을 제거하거나 무력화하기 위한 정치적 무기가 된 것으로 보인다. 적폐청산의 역사가 악순환 구조를 이룬 것이다. 정치적으로 경쟁하는 상대를 존중하기는커녕, 청산되어야 마땅한 악의 무리로 호명하고 청산을 위해 공권력이 동원되면서 헌정주의(constitutionalism)와 자유주의의 규범은 서서히 무너지게 된다. 자유주의(liberalism)의 아이디어는 국가권력의 자의적 행사가 시민 개인의 인권과 기본권을 침해하는 것을 막기 위해서 국가권력의 행사는 반드시 법에 의해 정한 테두리 내에서만 이루어져야 한다는 것이다. 이것이 '법의 지배', '법치주의'의 정의다. 이러한 점에서 자유주의와 헌정주의는 연결된다. 정치양극화 심화와 민주주의 퇴행은 자유주의에 대한 침해로 나타난다.

이러한 제로섬적 대결에서 쇼비니즘적 민족주의 언술이 동원되거나 냉전시기 반공 언술이 동원된다(Shin 2020). 문재인 정부 집권세력이 반대 세력을 '토착왜구'로 표현한 것이나 윤석열 정부 집권 이후에 '주사파 용공세력'이라는 표현이 반대당을 지칭하는 것으로 사용되고 있다. 최근 홍범도 장군 흉상 철거에서 나타난 역사, 이념 논쟁도 이러한 맥락과 관련 있다. 이해찬 전 민주당 대표의 "보수세력을 궤멸"시키자는 언명이나 윤석열 대통령의 "주사파 용공세력은 협치의 대상이 아니다"라는 언명에서 우리는 경쟁상대에 대한 존중은 찾을 수 없고, 적폐청산을 위한 공권력의 무절제한 사용을 지켜보게 된다. 반자유주의적 행동의 악순환이다.

한국 민주주의 퇴행의 징후들

(1) 행정부 권력증대

　행정부 권력의 자의적 행사에 대한 입법부와 사법부의 견제 및 균형 기능이 무력화될 때 자유민주주의는 서서히 위협받는다. 자유민주주의는 앞서 언급한 자유주의의 원칙과 민주주의가 결합된 것이다. 하버드대학교의 비교정치학자 레비츠키와 지블랫(Levitsky and Ziblatt 2019)은 민주주의의 근간이 되는 두 가지로 상호관용(mutual tolerance)과 제도적 자제(institutional self-restraints)를 든다. 상호 관용은 정치적 경쟁자가 헌법을 존중하는 한 그들이 권력을 놓고 경쟁하며 사회를 통치할 동등한 권리를 갖는다는 사실을 인정하는 것을 가리킨다. 제도적 자제는 집권자가 권력을 신중하게 행사하는 태도를 가리키는데, 법을 존중하면서 동시에 입법 취지를 훼손하지 않는 자세를 말한다. 지배자의 자의적 권력행사를 제도적으로 제약하기 위한 시도는 사실 민주주의보다 더 오랜 역사적 전통을 갖는 것이다. 민주주의가 등장하면서 그 출발점은 왕권의 자의적 행사에 대한 법적, 제도적 제약을 분명히 해서, 인민들의 자유와 인권을 보호하는 데 있었다. 이러한 점에서 역사적으로 가장 먼저 인민이 성취한 자유는 지리적 이동을 위해 왕정의 허가를 받아야 했던 것에 대한 저항의 결과 획득한 신체의 자유(habeas corpus)라는 점은 주목할 만하다. 민주화 이후 김영삼 정부에서 군부 하나회 척결 이후로 억압적 국가기구로서 우리 사회에 가장 큰 영향력을 행사하는 기구는 검찰이다. 윤석열 정부의 핵심 억압적 국가기구 운영의 책임을 맡은 검찰 출신 인사들을 볼 때, 검찰은 본질적으로 신체의 자유를 제한하고 인신 구속을 판단하고 결정하는 과정에서 중추적인 일을 하는 직업이라는 점을 지적하는 것이 중요하다. 이런 점에서, 검찰출신 대통령과 그 핵심 공직자들이 '자유'민주주의를 논하는 것은 아이러니한 일이다.

한국의 강력한 대통령제에서 집권 이후의 국정운영이 선거캠프 출신들에 의해 이루어지는 것은 최근의 일이 아니다. 그럼에도 불구하고 이명박, 박근혜 정부와 문재인 정부를 거쳐 윤석열 정부에 이르기까지 대통령과 '캠프정부'의 권력행사가 입법부와 사법부의 견제와 균형을 건너뛰면서 이루어진 경우가 허다하다. 이러한 과정에서 공천권 행사 및 개입을 통해 집권당을 대통령 충성파(loyalists)로 채우고, 반대당에 대한 정치적, 사법적 괴롭히기를 통해 무력화시키는 일이 관찰되곤 했다. 행정부 권력증대가 진행되면서 집권정부가 시민의 인권과 자유를 제한하거나 억압하는 일도 흔히 발생해왔다. 가장 최근의 예는 만평 '윤석열차' 사건이다. 작가가 윤석열 정부에 대한 풍자를 표현한 것을 두고, 문화체육부장관이 '엄중 경고' 발언을 하기까지 했다. 집권당의 의원들 일부는 검찰에 고발장을 제출했다(이후 검찰이 어떻게 처리했는지 궁금하기는 하다). 시민의 기본적 권리 중 하나인 표현의 자유에 대한 제한과 억압의 의지를 드러낸 것이며, 필요하다면 경고 이후 사법처리까지 할 수 있다는 협박에 다름 아니다.

대통령 및 행정부에 의한 '시행령(executive orders) 정치'가 눈에 띄게 관찰되고, 그 빈도가 증가하는 것은 민주주의의 적절한 정치과정을 건너뛰거나 국회의 표결을 거쳐 확정된 법을 우회해서 행정부의 정책을 추진하는 것이기 때문에 민주주의 퇴행과 어느 정도 연결되어 있다고 볼 수 있다. 분점정부(divided government) 상황에서 대통령의 정책추진을 위한 불가피한 선택이라고 할 수도 있겠으나, 핵심은 정당한 민주적 정치과정을 우회해서 대통령 정책을 추진하는 것이 민주주의의 가치와 규범에 부합하는 것은 아니라는 점이다. 미국정치 연구에서 행정부의 일방적인 시행령 정치가 아무리 집권 대통령의 의지가 담긴 정책추진을 위한 것이라고 하더라도 대다수 유권자의, 심지어는 대통령 정당 지지층에게서도 강력한 지지를 받지 못한다는 경험적 연구들이 제시되어왔다 (Reeves and Rogowski 2022). 유권자들은 민주주의의 정당한 절차를 건너뛰는 행정부 행동에 대해 대체로 반감을 갖는 것으로 나타났다. 특히 윤석열 정부 집권 이후에 법무부 장관에 의한 시행령과 시행규칙 정치가 빈번했는데, 이는 검찰청개혁법, 이른바 '검수완박법'을 우회해서 실질적으로 시행령을 통해 입법취지에 반하는 효력을 갖는 것이었다.

정치학자 최장집은 15년 전 글에서 다음과 같이 언급했다. "대통령 권력이 비대해졌다는 사실은 그것이 정당에 의해 제어되지 못했다는 것을 뜻한다. 이는 선출된 대통령의 권력이 사회 세력에 의해 제어되지 않았다는 것을 의미하기도 한다"(최장집 2007, p.168). 이 언급은 오늘날 한국 민주주의 퇴행을 논의하면서 행정부 권력 증대 현상에 초점을 둘 때 적절한 언명이다. 대통령 권력이 비대해진 것이 의회에 의해 자의적 권력행사가 제어되지 못했다는 점은 한국 민주주의에서 수평적 책임성이 낮은 수준을 갖는다는 점을 가리키는 것이다. 또한 시민과 사회세력에 의해 제어되지 못했다는 것은 수직적 책임성이 낮은 수준이라는 점을 나타내는 것이다. 이처럼 행정부 권력증대로 특징지을 수 있는 민주주의 퇴행은 수평적 책임성과 수직적 책임성의 낮은 수준과 연결된다.

(2) 반대진영 괴롭히기

민주주의 퇴행의 특징적 현상 중 다른 하나는 반대당(야당) 괴롭히기다. 집요하게 반대당 의원들 및 잠재적 경쟁자를 악의 무리 또는 부패한 집단으로 프레이밍해서 대중들에게 인식시키려 하고, 검찰, 경찰, 정보기관 등의 억압적 국가기구를 동원한다. 문재인 정부 시기 한국 민주주의의 위기에 관해 논하면서 최장집(2020)은 한국의 제왕적 대통령제하에서 권력의 과도한 집중이 일어나고 "권력행사의 절제와 관련된 규범이 지켜지지 않는다"라고 지적한 바 있다(p.6). 강원택(2021) 또한 권력의 절제는커녕 소수파를 보호하기 위한 사법부, 감사원, 검찰 등 '심판' 기관들의 자율성과 독립성을 침해하는 정치적 압박이 노골적으로 이루어지고 있고, 권력에 대한 효과적인 견제가 이루어지지 못하고 있다고 언급했다(p.10).

윤석열 정부 집권 이후 벌어지고 있는 사태들을 보면서 앞에서와 마찬가지의 평가를 내릴 수 있다. 적폐청산이나 부패 척결 등의 명분으로 경찰, 검찰, 감사원 등의 억압적 국가기구의 공권력을 사용하는데, 권력행사의 자기절제의 규범은 하나도 찾아볼 수 없다. 이러한 공권력 사용의 표적은 전임 문재인 정부와 더불어민주당이다. 반대당 지도부와 의원들에 대해 끊임없이 수사, 구속, 기소 등의 사법처리를 진행하면서 반대당 괴롭히기에 여념이 없는 것으로 보인다. 예를 들어, 문재인 정부에서 임명된 국민권익위원장을 표적으로 한 감사원의 국민권익위원회 감사, 2022년 10월 24일 민주당사 내 민주연구원 압수수색, 최근 빈번하게 진행된 경기도청 압수수색 등이 대표적인 사례일 것이다. 그런데, 김건희 도이치모터스 주가조작 관련 의혹 사건은 수사조차 진행되지 않고 있다. 이러한 행태를 보면서 국가권력의 가장 강력한 힘은 공권력을 행사하는 것보다는 특정 개인 또는 집단에 대해 정당한 공권력행사를 하지 않는 무행위(non-action)라는 점을 생각하게 된다. 검찰의 기소독점권 권력은 기소할 때보다 윤석열 대통령의 가족 및 친지들이 연루된 건에 대해서 기소하지 않을 때 또는 '부실' 기소할 때 더 강력하게 작동한다. 2022년 2월, 윤석열 대통령 장모 최 씨 사건에 대한 대법원 판결에서 '합리적 의심은 충분하지만 검사가 범죄 혐의를 입증하지 못했다'라는 판결문 내용이 함의하는 바는, 검찰이 무능하거나 노골적으로 혐의 입증의 의지가 없었다는 점이다. 윤석열 정부의 감사원의 활동도 마찬가지로 전임 정부와 반대당을 괴롭히기 위해 중립적이고, 독립적이어야 할 국가기관이 어떻게 이용되는지 뚜렷하게 보여준다.

그동안 한국정치의 사법화에 관한 논의가 많이 이루어졌다. 미국정치 연구자 쉐프터와 긴즈버그(Shefter and Ginsberg 2002)는 정치인과 정당의 부패가 정치의 가장 중요한 사안으로 등장하면서 폭로-수사-기소라는 방식이 정치를 지배하게 되고, 정치가 검찰과 사법부의 판결, 그리고 언론매체가 주도하는 여론의 힘에 의존하게 되는 현상을 "다른 수단에 의한 정치"(politics by other means)라고 언급한 바 있다. 정치의 사법화 현상의 추이를 보기 위해서 경향신문, 동아일보, 중앙일보, 한겨레신문 4개 일간지에서 1990-2021년 기간 동안 정치뉴스 중에서 사법관련 뉴스의 비율을 분석했다. 검찰청개혁법 논의가 진행되었던 시기에 주로 언급된 '수사권'과 '검수완박'이 들어간 기사는 제외했다. 다음 그래프는 분석 결과를 보여준다.

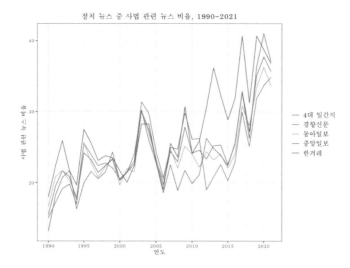

정치 뉴스 중 사법 관련 뉴스 비율, 1990~2021

4개 일간지를 종합하면, 정치 영역에서 1990년에 15.5%, 1991년에 19.5% 가량을 점하던 사법관련 뉴스가 2020년에는 37.8%, 2021년에는 35.7%를 차지할 정도로 증가했다는 점이 확인된다. 정치 분야에서 언론이 취재 보도하고 논의해야 하는 사안들의 범위를 떠올리면, 이렇게 높은 사법관련 뉴스 비율은 한국정치에 대해 우려를 갖게 한다. 2004년은 대통령 탄핵이나 행정수도 이전을 비롯한 문제와 관련된 수치이고, 2016-2017년은 박근혜 탄핵과 연관된 수치다. 이 그래프를 통해 자료의 가장 최근 시점인 문재인 정부 초기 '적폐청산' 검찰 수사와 기소가 정치의 사법화 현상을 이끈 현상이라는 점을 알 수 있다. 자료에는 포함되어 있지 않지만, 윤석열 정부 초기는 검찰 권력의 행사가 주도하는 정치의 사법화가 증가하는 추세다.

정치의 사법화가 증가한 것이 한국정치가 최근 들어 유독 더 정치인들의 정치부패나 범죄행위가 증가했다는 점을 나타내는 것은 아니다. 정당정치와 의회가 허약하다는 점을 방증하는 것이라고 해석하는 것이 더 정확한 것으로 보인다. 이러한 점에서 정치의 사법화 현상은 민주주의 퇴행과 연결되어 있다. 한국에서 반대당 괴롭히기 현상은 주로 폭로-수사-기소라는 사법적 절차를 통해 이루어진다. 또한 다양한 언론매체를 통해 당파적 시그널을 보내면서 반대당 지도부나 의원들을 악의 무리나 부패 정치인으로 프레이밍하거나 조롱과 뒤집어씌우기 등을 반복하면서 혐오 감정을 불러일으키기도 한다. 예를 들어, 김어준의 방송이 한국정치에서 저열한 조롱의 문화를 출발시킨 시발점이라면, 극우 유튜브 방송은 진보 진영을 부패한 내로남불 집단 및 주사파 공산주의자 집단으로 뒤집어씌우기에 열심이다. 대표적인 두 사례 모두 그 효과는 반대당 괴롭히기다. 합법적으로 선출된 집권자가 행정부 권력증대를 통해 입법부와 사법부의 견제 기능을 무력화시키면서 의회의 역할과 권한이 약화될 것이다. 이러한 점에서 허약한 의회는 민주주의 퇴행의 징후이자 결과이지만, 동시에 민주주의 퇴행을 막는 억제자로서의 기능을 하지 못하기 때문에 결과적으로 민주주의 퇴행을 방조하는 것이기도 하다. 강력한 의회를 통해 민주주의는 튼튼해진다.

한국 민주주의 어디로 가는가?

한국 민주주의는 퇴행하고 있는가? 강력한 대통령제와 승자독식의 정치체제를 갖고 있으며, 당파적 입장과 이해에 따라 진영으로 갈라진 정치양극화, 심화되는 정서적 양극화와 부정적 당파성을 볼 때 민주주의 퇴행의 조건적 맥락이 충분히 조성되어 있는 것으로 보인다. 그동안 한국의 선출된 집권자는 집권당을 충성파로 충원하고, 요직을 배분하면서 집권당 내 온건파 세력을 축소시키는 경향이 있어왔다. 행정부 권력을 증대시키면서 견제와 균형의 기능을 하는 입법부 및 사법부를 약화시킨다. 의회 내 반대당(야당)을 우회해서 시행령 정치를 활성화시키는 과정에서 법의 정신과 입법취지는 법리적 문구 해석에 의해 사상되곤 했다. 사법부 구성원을 대통령의 성향에 맞게 충원하는 것은 물론이고, 박근혜 정부에서는 특정 재판에 대해서 대통령과 청와대의 개입이 이루어지곤 했다. 언론매체의 동원과 폭로-수사-기소의 과정을 거치면서 심화된 정치의 사법화 현상을 통해 반대당 괴롭히기는 점점 더 노골적이고 전면적으로 진행되고 있다. 국가권력의 자의적 행사에 대한 제도적 견제 기능은 사라지고, 절제하지 않는 국가권력과 상대방을 경쟁상대로 존중하지 않는, 관용의 부재는 레비츠키와 지블랫(Levitsky and Ziblatt 2019)이 언급한 민주주의가 서서히 무너지는 과정의 특징적 현상들이다.

앞에서 제시한 한국 민주주의 진단은 한국 민주주의의 회복탄

력성(democratic resilience)과 관련해서 어떤 함의를 제시하는가? 첫째, 양극화된 맹목적 당파주의자들은 민주주의의 퇴행과 높은 선택적 친화성을 갖는다. 왜냐하면 맹목적 당파주의자들은 자기 당파의 후보가 민주주의 퇴행을 가져올 사람이라고 하더라도 당파적 이익 때문에 지지할 것이기 때문이다. 또한 정치양극화가 심화된 맥락에서 강성지지자들에 의해 포획된 당파적 후보가 민주주의자가 되기를 기대하는 것은 쉽지 않다. 이런 점에서 부정적 당파성이 심화되고, 정서적 양극화가 극심해지는 것을 경계해야 한다. 정당 리더십 및 정치인들은 자신들의 당선과 집권을 통한 지대추구(rent-seeking)를 위해 부정적 당파성과 정서적 양극화를 적극 활용하거나 나아가서 당파적 시그널을 보냄으로써 양극화를 더 부추길 인센티브가 있는 집단이다. 정당은 시민사회와의 연계를 구성하면서, 팬덤이라고 불리는 강성지지층에 의한 정당포획으로부터 벗어나야 한다. 민주주의 선거는 현직 집권자 및 집권정부의 임기 동안 수행업적에 대한 평가에 따라 책임을 따져 묻는 수단(accountability)이기도 하고, 경쟁하는 대안들 중에서 더 유능한 대안을 선출하는 기제이기도 하다(selection). 정치양극화의 맥락에서 책임성의 기제와 유능한 대안 선출기제로서의 선거의 의미는 퇴색된다.

둘째, 민주주의 퇴행의 대표적 사례들에서 공통적으로 발견되는 중요한 사실은 민주주의 퇴행을 이끈 집권자에 대한 시민대중의 지지가 상당히 높았다는 점이다. 이들 집권자들이 우선 과제로 내세운 것은 주로 부패와의 전쟁, 빈곤으로부터의 탈출, 경제발전

등이었는데, 실제로 상당한 성과를 기록하기도 했다(Albertus and Grossman 2021). 그러한 과정에서 합법적 수단을 동원해서 민주주의 가치와 규범, 제도를 서서히 무너뜨려 왔다. 전 세계적으로 경제침체, 소득정체, 소득 및 자산불평등, 실업 및 고용불안의 문제를 마주하고 있는데, 민주주의 정치체제가 이를 해결할 수 있는 최선의 체제가 아니라는 인식이 확산된다면, 민주주의의 위기로 연결될 수 있다. 경제문제 해결 능력이 있(어 보이)는 비민주적 후보와 그러한 역량이 없(어 보이)는 민주적 후보 사이에서 한국 유권자들의 선택은 사회계층별로, 소득별로, 세대별로, 그리고 젠더별로 어떤 차이를 보일 것인가? 비교정치 분야에서 프레데릭슨의 연구(Frederiksen 2022)와 그레이엄과 스볼릭(Graham and Svolik 2020)의 연구처럼, 한국 유권자들을 대상으로 체계적인 설문(설문실험)을 진행해서 다양한 후보자 특성을 제시한 상태에서 우리나라 유권자들의 정치적 선택은 어떤 경향을 보이며, 어떤 사회경제적, 이념적, 정치성향 변수가 영향을 미치는지를 체계적으로 분석하는 것이 향후 연구주제가 될 수 있다.

셋째, 선출되지 않은 대리인을 어떻게 민주적으로 통제할 것인가의 문제가 중요하다. 스위스의 정치학자 다니엘레 카라마니(Caramani 2017)에 따르면, 현대 대의제 민주주의의 근간이 되는 정당정부(party government) 모델—사회와 사회구성원들의 균열과 이익을 반영하는 정당이 선거경쟁을 통해 집권해서 정부를 구성하는 모델—에 대한 위협은 두 가지 방향에서 오는데, 하나는 포퓰리즘으로부터의 위협이고, 다른 하나는 전문가 기술관료주의(expert technocracy)로부터의 위협이다. 포퓰리즘으로부터의 위협에 대한 연구들이 많이 축적되고 진행되어온 반면에, 전문가 기술관료주의로부터의 위협에 대한 연구들은 거의 없다. 전문가 기술관료주의는 시민이 선출되지 않은 관료들에게 국가경영을 신탁위임하는 것이기 때문에 전문가 테크노크라트 집권세력은 시민의 요구와 민의에 반응할 필요가 없다. 오로지 국정수행 실적에 대한 책임성(responsibility)만 있을 뿐이다. 유권자들이 유능한 비민주적 후보를 무능한 민주주의자보다 더 선호한다는 연구 결과에 비춰 볼 때, 해당 정책분야에 대한 전문성을 가진 능력 있는 테크노크라트를, 민주주의 가치와 규범에 대한 헌신성이 떨어지더라도, 더 선호할 수 있는 것이다. 더욱이 체계적이고 발달된 관료제와 발전국가 시기를 거치면서 엘리트 경제관료들에 의한 경제정책 수립과 시행의 역사적 경험과 시민들의 평가가 있기 때문에 이러한 우려는 어느 정도 현실성을 갖는다. 윤석열 정부를 주도하는 검찰 출신 집단과 기획재정부 출신 경제관료들, 두 기술관료집단이 시민들의 요구와 민의에 반응(responsive)하지 않는다는 점은 명확하다.

넷째, 한국 민주주의 퇴행에 관한 진단은 민주주의의 발전을 위한 정치개혁의 방향과 원칙에 대한 가이드를 제공한다. 승자독식의 정치를 극복할 수 있는 제도개혁은 선거제도의 비례성(proportionality)과 대표성(representation)을 확대하는 제도개혁이다. 대표성은 크게 기술적 대표성(descriptive representation)과 실질적 대표성(substantive representation)으로 구분할 수 있다. 기술적 대표성은 국민을 닮은 국회를 구성해야 한다는 아이디어와 맞닿아 있다. 예를 들어 여성이 전체 인구의 절반이라면 전체 국회의석의 절반이 여성이고, 전체 인구 중 블루칼라 노동자 비율에 조응해서 블루칼라 출신의 의원 비율이 확대되는 것이다. 우리나라의 국회는 잘 알려져 있듯이 50대 이상, 남성, 법조인 출신이 과다대표되어 있다. 반대로 청년층, 여성, 블루칼라 노동자 출신이 과소대표된다. 기술대표성을 확대할 수 있는 제도디자인이 필요하다. 다양한 사회경제적 계층 및 세대, 젠더가 정치적으로 대표되고 갈등을 제도화하는 효과를 가질 것이다. 실질적 대표성은 법안과 의정활동을 통해 얼마나 실질적으로 해당 집단을 대변하고 대표하는가의 차원이다. 기술적 대표성이 실질적 대표성의 확대로 반드시 이어진다고 할 수는 없다. 여성 의원이라고 해서 반드시 친여성적 또는 성평등적 법안 및 의정활동을 하는 것은 아니라는 점을 우리는 빈번히 관찰해왔다. 노동조합 출신 의원이 반드시 친노동 입법 활동을 하지는 않는다. 기술적 대표성 확대가 실질적 대표성 확대의 충분조건은 아닐지라도 필요조건이다. 다른 한편, 선거제도의 비례성 확대는 후보중심 경쟁에서 정당중심 경쟁(party-centered competition)으로의 변화를 유도할 수 있다는 점에서 중요하다. 민주주의 퇴행 사례들의 공통점이 후보중심의 선거경쟁 정치제도를 갖고 있다는 점에서 더욱 이 점을 지적하는 것이 중요하다.

대통령 권한의 분산, 지방분권화, 그리고 국민의 기본권 확대 등의 헌법개정을 통해 선거제도개혁이 가져오게 되는 정당체제의 변화가 실제적으로 협치로 이어질 수 있는 정치개혁과 결합되어야 한다. 정치개혁의 방향과 원칙은 한국 민주주의의 퇴행과 맞물려 있는 진영화된 당파성과 정치양극화, 그리고 사회경제적 기회 및 결과의 불평등을 완화할 수 있는 효과를 갖는 작동원리에 비춰서 진단되고 제시되어야 한다.

누가 민주주의 퇴행을
지지하는가?

반민주적 지도자에 대한 지지, 도대체 왜?

누가 왜 민주주의 퇴행을 주도하는 집권자를 지지하는가? 최근 민주주의 퇴행 현상에 대한 학문적 관심의 하나는 시민들의 지지라는 수요 측면의 분석이다. 기존 연구들은 주로 시민들의 강한 당파성과 현직 집권자의 업적수행 능력을 많은 시민들이 민주주의 퇴행을 주도하는 집권자를 지지하는 이유로 제시해왔다.

앞서 서술했듯이, 쿠데타나 외세의 개입 등이 불시에 초래했던 이전의 전환들에서와 달리, 최근의 민주주의 퇴행 현상은 적법한 권력을 지닌 현직자가 민주적 가치와 기관들을 잠식해가는 양상으로 나타난다. 언론 괴롭힘 및 검열, 시민사회와 정당 억압을 위시한 행위들은 대개 합법적 수단을 동원했다. 민주적 기준에 비춰 명백한 위반이라며 제지하기 또한 곤란해진 셈이다. 그렇게 민주주의 국가들에서 자유의 축소, 불관용의 심화, 권리 침해, 극우 포퓰리즘의 부상이 잇따랐다. 서유럽 정당정치의 지형이 바뀌었고, 폴란드나 헝가리에서는 강력한 지도자들(strongmen)이 소수자 인권 침해와 비판적 여론 통제를 자행했다(Foa and Mounk 2016). 자유선거로 당선된 대표자들은 국민투표나 법치처럼 민주주의가 자부했던 바로 그 방편들을 통해 반대 세력에 타격을 입히며 행정부 권력 증대를 이끌었다.

　이러한 현상에서 공통적으로 유권자들의 지지, 혹은 묵인이 관찰되었다. 이는 상당한 우려의 대상이 되었다. 볼리비아, 도미니카 공화국, 헝가리, 러시아, 베네수엘라에서 비민주적 지도자들이 압도적 표차로 권력을 잡았다. 비자유주의적 정치인들이 다수의 지배를 앞세워 점진적으로 민주적 원리를 공격하는데, 이에 대해 광범한 대중적 지지가 관찰되었다. 미국과 유럽의 설문조사들은 대중들 사이에 정치체제로서의 민주주의에 대한 회의감이 증대해왔다는 점을 보고한다. 응답자들은 민주주의의 상징과도 같았던 제도들에 점차 불만족을 표했다. 연령이 낮을수록 더욱 그러했다(Foa and Mounk 2016). 사법부의 독립성을 약화하고, 정적을 제거하고, 충성적인 인물들로 관료기구를 채워도 반발 내지 제재는 간헐적으로만 일어났다. 많은 민주주의 국가들에 권위주의적 과거의 미신이 지문처럼 남아 있음을 감안하면 시민들의 실망이 놀라운 일만은 아니다(Albertus and Grossman 2021).

　왜 시민들은 비민주적 정치에 매료되거나 그것을 용인하는가? 이는 정치양극화와 국가경영능력이 주요한 요인으로 지목되어왔다. 교차균열(cross-cutting cleavages)을 이루던 여러 갈등과 균열들이 중첩되어 '우리' 대 '그들'의 단일한 구도를 이룰 때 민주주의의 작동이 어려워진다. 정책의 교착이나 극단적인 진자운동이 정치제도에 대한 신뢰를 떨어뜨려 포퓰리즘에 유리한 환경을 조성하기에 그렇다. 또한 담론의 성격이 적대적으로 변해가면 지지정당의 후보가 비민주적이라 한들 차마 맞상대에게 한 표를 행사할 수는 없어진다(McCoy et al. 2018). 이것이 중요한 까닭은 민주적 견제와 균형의 유지에 있어 최후의 보루 중 하나가 투표용지 앞의 시민이라는 점에 있다. 그러나 정책선호, 이념, 당파성 등을 위해서라면 시민들은 종종 민주적 원칙을 희생시킨다.

　미국 밀레니얼 세대의 81%는 무능하거나 역할을 다하지 못하는 정부라면 군대가 접수하는 것이 정당하다는 명제에 강하게 반대하지 않았다. 유럽에서는 64%로 비교적 낮지만, 여전히 경계할 만한 수치다(Foa and Mounk 2016). 시민들은 비민주적이나 유능한 지도자를 민주적이지만 무능한 후보보다 더 선호하는가? 프레데릭슨(Frederiksen 2022)이 시행한, 한국을 포함한 컨조인트 설문실험(conjoint survey experiment) 결과는 그렇다는 점을 보고했다. 현실에서도 민주주의 퇴행을 이끌었던 이들은 전임자나 경쟁자보다 경제 및 부패문제 해결에 뛰어나다는 인상을 가지고 있었다. 포퓰리즘이든, 전문가 기술관료주의든 정치적 대표의 대안적인 형태로서 획일적이고, 반다원적이며, 매개성과 책임성이 결여된 일반이익을 상정하고 이를 추구한다는 점에서 같다. 대중과 엘리트 사이의 정당이나 대의기구는 사회 일반의 이익을 왜곡하는 것으로 묘사된다 (Caramani 2017). 선출되지 않은 기술관료집단이 종종 시민들의 요구에 개의치 않는다는 점도 명백하다.

시민의 경제적 불안과 민주주의 퇴행

경제위기나 불평등의 심화는 사회적 합의를 파괴함으로써 정치적 불안을 이끈다. 권위주의에서나 민주주의에서나 객관적 경제수행업적과 대중이 체감하는 경제상황은 지도자의 인기를 좌우한다 (Guirev and Treisman 2020). 민주주의에서 권위를 정당화하는 데 있어 경제수행업적은 특별히 중요하다(Tannenberg et al. 2021). 이를 미루어볼 때, 비민주적 정치태도의 확산에 일조한 요인으로 경제 변수를 제시할 수 있다. 특히 비교정치경제 연구들은 사회적 보호에 대한 수요가 소득보다 노동시장 위험에서 도출된다는 점을 제시했다.

경제불안은 어떠한 메커니즘을 통해 비민주적 정치태도에 영향을 미칠까? 대다수 시민들의 소득 구성에서 노동시장으로부터의 임금이 차지하는 비중은 절대적이다. 그렇기 때문에 노동시장 참여와 고용상태는 개인과 가구의 삶에 결정적인 변수로 작용한다. 특히 고용불안과 실업위험은 핵심적인 경제불안 요소다. 고용안정성의 저하는 심리적 안전감과 확실성을 추구하도록, 비교적 짧은 시간전망(time horizon)을 갖고 유능한 통치를 바라도록, 사회와 정치제도에 대한 신뢰를 낮추도록 함으로써 비민주적 정치태도를 심화할 수 있다.

첫째, 위험하다는 느낌은 그 자체로 보호자(guardianship)에 대한 바람을 강화한다. 그리고 강력한 지도자들은 이를 충족시켜줄 수 있다는 인상을 제공한다. 대공황을 비롯해 경제상황이 악화되던 기간에 권위주의적인 교회로의 신도 유입이 급증했으나, 다시금 호전된 뒤로는 그렇지 않은 곳을 찾는 이들이 늘었다는 연구 결과가 있다(Sales 1972). 또 다른 흥미로운 사례로 실험 상황에서 불확실성이라는 조건이 급진파 대비 온건파 선호를 사라지도록 한다는 점을 밝힌 연구가 있다(Hogg et al. 2010). 최근 비교정치 연구들은 시민들이 느낀 위협과 실망, 절망, 분노를 통해 극우 포퓰리즘의 부활을 설명해왔다. 뿐만 아니라 실업률 상승을 겪은 지역에서 권위주의적인 지배적 리더십에 대한 이례적 호응이 관찰되었다. 생계를 스스로 통제할 수 없다는 감각을 외부로부터 보충하려 한 것이다(Kakkar and Sivanathan 2017). 이처럼 노동시장에서 말미암은 불안은 심리적 필요를 발생시킨다. 그 틈새시장에서 유능해 보이는 비민주적 정치인이 선전할 수 있다.

둘째, 고용 유지에 대한 불확실성은 미래에 대한 계획을 어렵게 한다. 불확실성을 해소하는 것부터가 당면 과제다. 인지적 부담이라는 제약이 있기에, 사람들은 다양한 불안 요소 중 몇몇을 완화하는 데 선택적으로 투자하게 된다(Hogg and Adelman 2013). 이때 5년 뒤, 10년 뒤의 선거에서 대통령을 직접 선출하지 못하게 될 가능성보다는 당장의 경제적 보호에 대한 장밋빛 약속이 가깝고 무겁게 다가올 수 있다. 한편 민주주의에서 '다음 선거'는 존재만으로 시간의 지평을 늘리며, 그 자리를 희망과 인내심으로 채운다고 한다(Przeworski 2019). 그렇다면 노동시장과 경제 영역에서도 재도전의 기회가 중요하며, 그것이 장기적인 시야 확보를 가능하게 할 것이라는 짐작이 가능하다. 아랍의 봄에 한몫했던 튀니지에서 국회가 멈추기 4년 전에 진행된 설문조사를 분석한 연구에 따르면, 경제적으로 취약한 응답자들은 지역의 점진적 개선을 기다릴 수 없었고, 군대의 즉각적인 개입을 옹호했다. 불안정할수록 과단성 있는 리더십을 기대했으며, 반민주적 시위에 참여할 의향이 있었다 (Ash 2022). 한국에서도 계층이동성에 대한 부정적 인식은 주관적인 계층지위가 비교적 낮은 시민들의 비제도적 참여를 증진시켰고, 투표참여를 저하시켰다는 연구 결과가 보고되었다(장승진·장한솔 2020).

　마지막으로, 경제불안은 사회 전반에 대한, 그리고 정치에 대한 신뢰에 악영향을 줌으로써 민주주의에 부정적인 방향으로 작용할 수 있다. 삶을 스스로 통제할 수 없다고 느끼는 것이나 미래에 대해 비관적으로 전망하는 것 모두 일반적인 신뢰를 떨어뜨린다. 이러한 인과관계가 가볍지 않은 까닭은 타인을 믿을 만하다고 여기는 사람들이 민주주의 제도 및 기관들에 보다 긍정적이고, 시민사회나 자선 활동에 적극적이며, 소수자에 관용적이고, 스스로도 더욱 행복하다는 점에 있다. 두려움이 신뢰를 좀먹을 때 각광받는 것은 보편적인 정책이 아닌 과격한 정책이다. 게다가 국가나 지역의 실업률은 해당 단위에서 보고된 민주주의의 효율성 인식과도 밀접했으며, 한 해 이상 계속된 실업상태는 체제에 대한 회의감과 비민주적 대안들에 대한 선호로 이어졌다(Guirev 2018). 또 증가하는 국제 경쟁과 아웃소싱, 자동화로부터의 타격이 정치불신과 반체제적 정당에 대한 지지를 높이는 것으로 확인되었다(Algan et al. 2017).

고용 불안과 민주주의 퇴행, 그 연결의 완충재

경제적 위험과 불안에, 그리고 그 파급력에 영향을 미치는 변인들은 다양하다. 예를 들어 상대적 소득과 노동시장에서의 위험은 재분배 선호의 크기를 상당 부분 결정한다. 그리고 사회적 보호는 안정된 생활을 영위하는 이들로부터 높은 수준의 위험에 처한 이들에게 행복을 재분배하는 데 효과적이었다. 또, 종교를 가진 이들은 복지국가를 덜 원한다. 종교는 실업 등이 수반하는 심리적 비용에 대한 완충제가 될 뿐 아니라, 양질의 일자리가 동반하는 것과 같은 안도감을 주기 때문이다(Scheve and Stasavage 2006).

마찬가지로 자가보험(self-insurance)의 속성을 가진 자산은 사회보험의 대체재로서 노동시장 위험에 대응하는 수단으로 작동하며 복지선호를 낮춰왔다. 특히 자원의 분포가 불균등한 국가들이나 긴축을 택한 국가들에서는 공적 복지에 확신을 가지기 어려우므로 부의 축적이 자신과 가족을 보호할 필수 조건처럼 통용되어 왔다. 개인이나 가구가 보유한 자산의 가격은 해당 주체가 놓인 객관적 환경의 지표일 뿐 아니라, 그에 대한 주관적 수용에도 영향을 주는 요소다. 자본의 크기는 심리적인 안정감과 관련되고, 그 상승분은 공적인 지출에 대한 수요를 줄임으로써 개인의 정책태도 형성 과정에 개입한다. 이는 자산소득 의존도가 낮은 지역에서 트럼프 지지도가 높았다는 경험적 상관관계를 상기시킨다. 경제적 위험은 사회지출에 대한 지지로, 또는 권위적인 리더십에 대한 선호로 이어질 개연성이 있다. 하지만 시장으로부터 오는 위기감이 개인의 정치태도에 미치는 영향은 사적 보험과도 같은 자산에 의해 완화될 수 있다. 그것이 불확실성을 낮추고, 장기 계획을 가능하게 하며, 신뢰를 높이기에 그렇다.

먼저, 자산은 노동시장에서의 불안정성이 생계에 대한 위협으로 직결되지 않게끔 한다. 자산소득의 존재가 하나의 이유일 것이고, 직업지위와 연관된 사안들이 많은 경우 불분명하며 개인의 통제 밖에 있는 데 반해 자신이 지닌 자본은 가시적이며 선택적으로 운용할 수 있다는 점이 또 하나의 이유일 것이다. '3대가 먹고살 만큼'이라는 표현은 부의 총량보다도 그것이 선사할 안정감을 연상시킨다. 시민들은 재산이 많다는 것의 의미를 권력, 자유, 그리고 무엇보다 안전과 결부시켰다. 부자의 이미지는 '불시에 닥칠 그 어떤 난관에도 대처할 만큼 안전한 사람'이었다. 실제 중년기 성인들을 대상으로 진행된 연구에서 높은 수준의 노후준비는 낮은 노화 불안으로, 다시 높은 심리적 안녕감으로 이어졌다(김민희 2020). 특히 주택소유는 소득과 존재론적 안정감 모두를 보장해줄 가능성이 있다. 소비재로서의 주택은 사회경제적 지위의 표상과 같은 성격을 가지기에, 일자리의 유무 또는 그 질과 무관한 정체감을 상시적으로 담보해줄 것이기 때문이다. 상당한 집값 상승을 경험한 시민들이 공적 연금과 실업보험 등에 비협조적인 방향으로 변해간다는 관찰도 이와 연관되었을 수 있다. 선진자본주의 국가들에서 고용 대비 자산의 중심성은 점증하고 있으며, 시민들 역시 자산이 본인의 경제적 안정에 핵심적이라 여기고 그에 의존하는 모습을 보인다(Ansell 2014).

이혁진의 소설 〈사랑의 이해〉에 나오는 구절처럼, 보호자의 재력이 곧 콘크리트 바닥이 되는 경우 "뛰고 뛰다가 다 싫어지면" 그만두고 다른 일을 택해도 무방한 반면, 유리 한 장과 같은 경우 자칫 뛰었다가 무너질 일부터 걱정하게 된다는 것은 공공연한 사실이다(이혁진 2019, p. 235). 실제로 세입자의 자녀들은 임대인의 자녀들보다 재학 기간이 짧다. 사적 안전망은 여유를 준다. 패널조사 결과 자산은 장기적이고도 구체적인 계획 수립, 미래에 대한 확신 및 기대, 사회적 연결감 등에 긍정적인 영향을 미치는 것으로 드러났다. 당장 가족을 부양해야 하는 이들은 교육과 훈련에 매진할 여력이 없다. 예기치 못한 위험 상황에서도 소득이 회복될 때까지 기다릴 힘을 주고, 기회구조를 변화시켜 미래지향적인 집중과 전문화, 예측과 통제를 가능하게 하며, 그로써 인적자본의 축적을 촉진하고, 안전한 도전의 바탕이 된다는 점 또한 자산만의 강점이다. 경제성장을 저해하리라는 통설과 달리 복지제도가 더 많은 특허와 혁신, 경쟁력으로 이어졌다는 관측도 실패에 대한 두려움 없이 멀리 내다보고 몇 번이라도 시도할 수 있게 하는 '바닥'과 관련되었을 것이다.

공적인 복지가 그렇듯, 그 사적 대체재인 자산도 타인과 사회에 대한 신뢰에 영향을 줄 수 있다. 편안함은 서로를 향한 경계심을 거두게 한다. 관대한 복지국가의 시민들은 이민자에 대해 더 관용적이었고, 노동시장에서 객관적인 위험에 처했을 때에도 비교적 신뢰를 유지했다. 고용불안정성은 실질적인 경제적 위협으로 다가가나, 공적인 안전망이 그 정도를 낮출 수 있기 때문이었다(Rapp 2017). 특히 자가소유 주택의 존재는 일반적인 신뢰에 통계적으로 유의미한 영향을 미친다. 자가 주택을 소유한 이들은 지역사회에 장기간 거주하며 이웃과 긍정적인 연계망을 구축하고, 안정적으로 사회활동에 참여하며 심리적 지지를 얻는다. 또, 그 영향력은 경제적 취약계층에서 보다 강했다. 자산은 노동시장의 동학으로부터 독립적인 재원으로서 개개인의 정치적 수요를 형성한다.

가장 기본적인 경제 단위인 가계(household) 소득은 일종의 소득

풀링(income pooling) 체계를 구현한다. 가구원들의 소득을 합해서 고용불안에 처한 구성원에게 가족 보험의 기능을 제공하기도 한다. 이러한 점에서 자산과 마찬가지로 가계소득 또한 경제불안과 비민주적 정치태도의 연계를 조절하는 기능을 할 것이라고 생각할 수 있다.

한국의 민주주의 퇴행: 시민들의 정치태도

이 절에서는 한국 민주주의에 대한 시민들의 정치태도를 설문조사자료 분석을 통해 검토한다. 의회와 정당은 대의민주주의의 핵심 기관들이다. 특히 대통령이 국회를 도외시한다는 것은 민주적인 가치로부터 이탈하는 것이다. 〈세계가치조사〉 3차 조사가 진행된 1996년과 7차 조사가 이루어진 2018년 사이, 강한 지도자가 의회와 정당에 개의치 않으며 나라를 이끌어가는 것이 한국의 통치 방법으로서 좋다는 응답의 비중은 증가했는가?

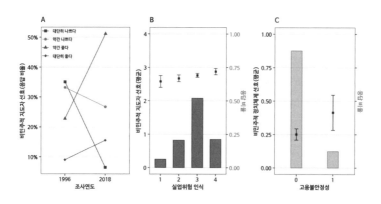

경제불안과 비민주적 정치태도

위 그림의 패널 A는 그렇다는 사실을 보인다. 2018년에는 약 66.8%의 응답자가 비민주적인 지도자를 희망했다. "약간 좋다"가 약 51.2%, "대단히 좋다"가 약 15.6%를 점했다. 22년 전, 이러한 답변은 각각 22.8%, 9.0%에 불과했다. 이는 전반적인 정치태도의 변화를 보여준다. 1996년의 경우, 68.2% 가량은 의회와 정당의 견제를 받지 않는 통치 방식에 반대했다. "대단히 나쁘다"가 약 35.0%를, "약간 나쁘다"가 약 33.2%를 차지했다. 반면, 2018년에는 전자가 6.5%, 후자가 26.7% 정도에 지나지 않았다. 총 33.2%만이 반대한 것이다.

그렇다면 비민주적 지도자 선호는 실업위험 인식과 고용불안정성에 따라 상이한가? 위 그림의 패널 B 상단에 95% 신뢰수준과 함께 제시된 범주별 평균값을 통해 그렇다는 사실을 알 수 있다. 전반적으로 실업위험 인식이 높은 집단일수록 비민주적 지도자를 지지하는 경향이 나타난다. 특히 실업위험 인식이 1인 집단과 4인 집단은 명확히 구분된다. 정확한 수치는 각각 2.58, 2.67, 2.77, 2.88이다. 아래의 막대그래프는 실업위험 인식의 분포를 나타낸 것이다. 3이 약 52%, 4가 약 21%로, 응답자의 73% 가량은 평소 높은 수준의 실업위험 인식을 갖고 있다는 점을 알 수 있다. 그림의 패널 C를 통해서도 유사한 결과를 확인할 수 있다. 고용이 지속적일 것이라고 기대하는 집단의 경우 비민주적 정치체제 선호의 평균이 0.25였으나, 고용의 지속성을 담보할 수 없는 집단의 평균은 0.41에 달했다. 응답의 비율은 전자가 88%, 후자가 12%였다.

무엇을 할 것인가?

앞의 논의로부터 어떤 함의를 도출할 수 있는가? 한국 민주주의 퇴행에 대한 진단에 바탕해서 민주주의의 회복탄력성을 위해 어떻게 해야 할 것인가? 첫째, 실업 및 고용불안, 복지국가 축소 등을 비롯한 경제구조적인 문제가 정치체제로서의 민주주의에 미치는 영향에 대해 정확하게 진단해야 할 것이다. 체제의 공고화를 둘러싼 정치경제 문헌은 국민소득의 수준, 분포, 원천과 국가의 단기 거시경제 지표 등을 중심적인 변수로 상정해왔다(Waldner and Lust 2018). 그러나 독재자를 선출한 헝가리와 베네수엘라, 튀르키예의 1인당 국민소득은 흔히 민주주의의 안착을 확신할 수 있다고 여겨지던 기준을 상회한 바 있다. 우리는 개인 수준에서 유권자의 경제적 이질성으로 초점을 옮겨, 노동시장 위험(risk)과 경제불안(insecurity)에 주목할 필요가 있다. 이 장에서 논의한 대로 개인 수준의 경제불안과 비민주적 정치태도가 밀접한 상관관계를 갖는다는 점을 확인할 수 있다.

둘째, 복지의 사적 대체재가 내포한 기능을 파악함으로써 민주주의 위기에 대응할 수 있는 복지국가의 가능성을 제시한다. 민주주의 사회에서 정책 산출은 선호의 집합화 과정을 거치고, 그렇게 집행된 정책들은 거꾸로 선호에 영향을 준다. 이러한 정책 환류효과(policy feedback effect)는 국가 수준의 조건에 따라 달라지기도 한다. 예컨대 실업위험은 복지국가 선호를 가져오고, 복지정책은 실업위험에의 불안을 낮춘다. 그리고 이 같은 관계는 복지지출의 수준이 낮은 국가들에서 더 강하게 나타난다(Busemeyer and Sahm 2022). 마찬가지로 자산을 비롯한 복지의 사직 대체재는 경제적인 안정감을 제공함으로써 정치행태에 영향을 미칠 수 있다. 그러나 자산과 같은 복지의 사적 대체재와 사회보험은 전자가 고도로 계층화되어 있다는 점에서 뚜렷이 구분된다.

로버트 달(Dahl 1998)이 민주주의의 역사에 대해 언급했듯이, 역사상 권력욕과 망상, 이해관계, 종교, 이념, 혹은 순전한 감정과 충동으로 고양된 지도자들이 국가의 예외적인 힘을 악용하지 않았던 시기는 없었다. 그리고 그 비용은 언제나, 또 너무나 컸다. 하지만 민주주의 국가의 시민들에게는 선거라는 기회가 있고, 여론이라는 힘이 있다. 따라서 이들이 지닌 선호가 중요해진다. 문제는 민주주의의 정당성이 전처럼 강력한 동의와 지지를 얻지 못하고 있다는 점이다. 근래의 민주주의 퇴행 현상이 특별히 주목받은 이유 중 하나도 시민들이 그것을 간과하거나, 묵인하거나, 심지어 자발적으로 옹호하기도 한다는 사실이 곳곳에서 잇달아 관찰되었다는 점에 있다. 그 배경은 무엇일까? 민주적 규범과 가치가 훼손될 위험을 무릅쓰게 할 정도로 절실한 것이 있다면 무엇일까? 이 장에서는 고용불안과 실업위험 등의 경제적 불안이 민주주의 자체와 연관된 정치태도에도 영향력을 가질 수 있다는 점을 제시했다.

노동시장 이중화와 고용불안정성 심화, 계층이동성의 저하를 위시한 경제적 변화의 파급이 점차 기존에 다루어진 바 없던 영역들에서까지 포착되고 있는 실정이다. 앞에서 복지의 사적 대체재로 기능하는 자산이 경제적 안전감을 제공함으로써 고용불안 자체를 완화할 뿐 아니라, 그것이 내포한 정치적 잠재력 역시 약화한다는 점을 지적했다. 실업과 산업재해를 비롯한 부정적 충격을 맞닥뜨린 이들은 노동시간을 연장하는 등의 방식으로 당장의 소득을 확보하기 어렵다. 자산은 불의의 사건이 경제적 곤란으로 이어지는 정도를 효과적으로 조절한다는 점에서 사회보험과 흡사한 기능을 가진다. 그러나 이는 경제적 웰빙의 격차를 보다 심화한다는 점에서 공적인 보호와 명확히 구별된다. 가장 필요한 사람들의 접근성이 가장 낮다는 것은 고도로 계층화된 사적 안전망의 특징이다 (Rodems and Pfeffer 2021). 한국의 소득 5분위는 1분위 대비 6.48배

많은 자산을 가졌다(통계청 외 2022).

  민주주의는 보통사람들이 그 절차적 방법을 통해 실질적인 삶의 조건을 개선하며 시민으로서의 정치적, 사회적 권리를 확대할 수 있을 때 작동한다. 그것이 다른 체제보다 우월하다고 판단하도록 하는 근거도 이러한 가능성에 있다. 평등이 중추를 이루는 민주주의가 불평등한 자본주의와 긴장 관계를 유지하는 것, 그럼에도 넓은 문제 해결 공간을 가지는 것 모두 사실이다. 이를 기대할 수 없을 때 민주주의에 대한 신뢰와 지지는 약화된다. 대표되지 않으며 보호받지 못하는 한국 사회의 커다란 부분에도 민주적 권리가 있으나, 급속한 사회양극화에도 불구하고 이들을 위한 정책은 종종 의제조차 되지 못한다. 그러나 사회경제적인 문제를 두고 다룰 수 없다면, 한국 민주주의도 나아갈 수 없다(최장집 2013). 민주화 이후에도 노동시장의 문제는 해결되지 않았고, 수출 호조나 기업이윤 증가, 경제성장률 상승 등이 노동조건 향상과 고용 확대, 주변적 노동자집단의 권익 증대 등을 뜻하지는 않았다. 시장으로부터 밀려난 이들에게 폐쇄적이며 가혹한 한국의 풍토는 국민의 절대다수인 노동인구에 심각한 위협을 주어왔다. 만일 민주주의가 사회경제적 삶을 개선하지 못하고, 민주정부가 사회경제적 문제를 정치적으로 풀어내지 못한다면 민주주의를 향한 지지의 기반도 그만큼 약화될 것이다(최장집 2004).

  한국 사회는 분명히 저소득층이 더 실업위험에 노출되어 있고, 반대로 고소득층은 고용안정성을 누리는 양태를 보인다. 필립 렘

외(Rehm et al. 2012)의 비교 연구가 제시한 분류에 따르면, 소득과 위험의 부(−)의 상관관계가 매우 높은 맥락에 해당된다. 한국 사회에서 저소득-고위험의 '불안 동맹'(insecure alliance)이 비민주적 정치태도를 나타낸다는 것이 분명해 보인다. 만일 복지의 사적 대체재가 경제불안과 비민주적 정치태도 간의 연계를 조절할 수 있다면, 복지의 공적 제공 확대 또한 동일한 기능을 할 수 있다는 함의를 도출할 수 있다. 우리는 민주주의를 생각하며 개인이 체감하는 경제상황과 한국사회의 불안(insecurity)에 주목한다. 그리고 민주주의의 퇴행이 아닌, 진전은 시민들의 고른 안전감으로부터 비롯될 수 있다는 점을 제안한다.

참고문헌

국내 문헌

강우진. 2019. 『박정희 노스탤지어와 한국 민주주의』. 서울: 고려대 아세아문제연구소 출판부.

강원택. 2021. "한국정치의 위기와 대의민주주의." 『지식의 지평』 30, 73-86.

강준만. 2021. 『THE 인물과사상 01: 단독자 김종인의 명암』. 인물과사상사.

김기동·이재묵. 2021. "한국 유권자의 당파적 정체성과 정서적 양극화." 『한국정치학회보』, 55(2), 57-87.

김민희. 2020. "중년기 노후준비와 심리적 안녕감의 관계: 노화불안과 지각된 스트레스의 순차적 다중매개효과." 『한국심리학회지: 발달』 33권 4호, 45-64.

김형철. 2020. "준연동형 비례대표제의 정치적 효과: 선거불비례성과 유효정당수를 중심으로." 『세계지역연구논총』, 38(2): 79-100.

오유석. 2019. "한국의 '적폐'정치: 역대 정부의 역사적 청산의 궤적과 과제." 『경제와사회』 121호, 37-60.

이내영. 2011. "한국사회 이념갈등의 원인: 국민들의 양극화인가, 정치엘리트들의 양극화인가?" 『한국정당학회보』 10권 2호, 251-287.

이혁진. 2019. 『사랑의 이해』. 서울: 민음사.

장승진·장한솔. 2020. "경제적 양극화 시대의 정치참여: 계층이동성 인식에 따른 참여양식의 차이를 중심으로." 『한국정치연구』 29권 3호, 245-266.

최장집. 2004. "한국 민주주의의 취약한 사회경제적 기반." 『아세아연구』 117호, 17-36.

최장집. 2007. "강력한 대통령제는 한국 민주주의 발전에 얼마나 기여하는가." 최장집·박찬표·박상훈. 『어떤 민주주의인가』, 153-196. 서울: 후마니타스.

최장집. 2013. 『노동 없는 민주주의의 인간적 상처들』. 서울: 후마니타스.

최장집. 2020. "다시 한국 민주주의를 생각한다: 위기와 대안." 『한국정치연구』 29집 2호, 1–26.
통계청 · 한국은행 · 금융감독원. 2022. 〈가계금융복지조사〉.

외국 문헌

Abrajano, Marisa, and Zoltan L. Hajnal. 2015. *White Backlash: Immigration, Race, and American Politics*. Princeton: Princeton University Press.

Abramowitz, Alan I., and Steven Webster. 2016. "The Rise of Negative Partisanship and the Nationalization of US Elections in the 21st Century." *Electoral Studies* 41: 12-22.

Achen, Christopher H., and Larry M. Bartels. 2017. *Democracy for Realists: Why Elections Do Not Produce Responsive Government*, with a new afterword. Princeton: Princeton University Press.

Albertus, Michael, and Guy Grossman. 2021. "The Americas: When Do Voters Support Power Grabs?" *Journal of Democracy* 32(2): 116-131.

Ansell, Ben. 2014. "The Political Economy of Ownership: Housing Markets and the Welfare State." *American Political Science Review* 108(2): 383-402.

Arblaster, Anthony. 2002. *Democracy*. 3d ed. Buckingham: Open University Press.

Ash, Konstantin. 2022. "Protesting for Autocracy: Economic Vulnerability and Anti-Democratic Protest Attendance in Tunisia." *Democratization*, Online first view.

Bartels, Larry M. 2023. *Democracy Erodes from the Top: Leaders, Citizens, and the Challenge of Populism in Europe*. Princeton: Princeton University Press.

Bender, Michael C., Lisa Lerer, and Michael Gold. 2024. "3 Years After Jan. 6, Trump Clings to Campaign Message of Falsehoods." *New York Times*, January 7, A12.

Berman, Sheri. 2017. "The Pipe Dream of Undemocratic Liberalism." *Journal of Democracy* 28(3): 29-38.

Bermeo, Nancy. 2003. *Ordinary People in Extraordinary Times: The Citizenry in the Breakdown of Democracy*. Princeton: Princeton University Press.

Bermeo, Nancy. 2016. "On Democratic Backsliding." *Journal of Democracy* 27(1): 5-19.

Bobbio, Norberto. 1989. *Democracy and Dictatorship: The Nature and Limits of State Power*. Translated by Peter Kennealy. Minneapolis: University of Minnesota Press.

Bobbio, Norberto. 1990. *Liberalism and Democracy*. Translated by Martin Ryle and Kate Soper. London: Verso.

Boix, Carles. 2011. "Democracy, Development, and the International System," *American Political Science Review* 105(4): 809-828.

Boix, Carles. 2019. *Democratic Capitalism at the Crossroads: Technological Change and the Future of Politics*. Princeton: Princeton University Press.

Brands, Hal. 2016. *Making the Unipolar Moment: U.S. Foreign Policy and the Rise of the Post-Cold War Order*. Ithaca: Cornell University Press.

Broz, J. Lawrence, Jeffry Frieden, and Stephen Weymouth. 2021. "Populism in Place: The Economic Geography of the Globalization Backlash." *International Organization* 75(2): 464-494.

Busemeyer, Marius R., and Alexander H. J. Sahm. 2022. "Social Investment, Redistribution of Basic Income? Exploring the Association Between Automation Risk and Welfare State Attitudes in Europe." *Journal of Social Policy* 51(4): 751-770.

Caramani, Daniele. 2017. "Will vs. Reason: The Populist and Technocratic Forms of Political Representation and Their Critique to Party Government." *American Political Science Review* 111(1): 54-67.

Cornell, Agnes, Jørgen Møller, and Sven-Erik Skaaning. 2017. "The Real Lessons of the Interwar Years." *Journal of Democracy* 28(3): 14-28.

Dahl, Robert A. 1971. *Polyarchy: Participation and Opposition*. New Haven: Yale University Press.

Dahl, Robert A. 1998. *On Democracy*. New Haven: Yale University Press.

Desilver, Drew. 2022. "The polarization in today's Congress has roots that go back decades." March 10. https://www.pewresearch.org/short-reads/2022/03/10/the-polarization-in-todays-congress-has-roots-that-go-back-decades/ (검색일: 2024년 1월 12일).

Djilas, Milovan. [1962] 2014. *Conversations with Stalin*. Translated by Michael B. Petrovich. London: Penguin Books.

Downs, Anthony. 1957. *An Economic Theory of Democracy*. New York: Harper and

Low.

Ferguson, Thomas. 1984. "From Normalcy to New Deal: Industrial Structure, Party Competition, and American Public Policy in the Great Depression." *International Organization* 38(1): 41-94.

Foa, Robert Stefan, and Yascha Mounk. 2016. "The Democratic Disconnect." *Journal of Democracy* 27(3): 5-17.

Frantz, Erica, Andrea Kendall-Taylor, Carisa Nietsche, and Joseph Wright. 2021. "How Personalist Politics Is Changing Democracies." *Journal of Democracy* 32(3): 94-108.

Frederiksen, Kristian Vrede Skaaning. 2022. "Does Competence Make Citizens Tolerate Undemocratic Behavior?" *American Political Science Review* 116(3): 1147-53.

Fry, Richard. 2017. "Gen Zers, Millennials and Gen Xers outvoted Boomers and older generations in 2016 election." https://www.pewresearch.org/short-reads/2017/07/31/gen-zers-millennials-and-gen-xers-outvoted-boomers-and-older-generations-in-2016-election/ (검색일: 2023년 11월 9일).

Gaddis, John Lewis. 1986. "The Long Peace: Elements of Stability in the Postwar International System." *International Security* 10(4): 99-142.

Gallie, W. B. 1955-1956. "Essentially Contested Concepts." *Proceedings of the Aristotelian Society* 56: 167-198.

Galston, William A. 2018. "The Populist Challenge to Liberal Democracy." *Journal of Democracy* 29(2): 5-19.

Gerstle, Gary. 2022. *The Rise and Fall of the Neoliberal Order: America and the World in the Free Market Era*. New York: Oxford University Press.

Glaun, Dan. 2021. "Germany's Laws on Hate Speech, Nazi Propaganda & Holocaust Denial: An Explainer." July 1. https://www.pbs.org/wgbh/frontline/article/germanys-laws-antisemitic-hate-speech-nazi-propaganda-holocaust-denial/ (검색일: 2024년 1월 12일).

Gorokhovskaia, Yana, Adrian Shahbaz, and Amy Slipowitz. 2023. "Marking 50 Years in the Struggle for Democracy." freedomhouse.org/sites/default/files/2023-03/FIW_World_2023_DigtalPDF.pdf (검색일: 2023년 8월 16일).

Graham, Matthew, and Milan Svolik. 2020. "Democracy in America? Partisanship, Polarization, and the Robustness of Support for Democracy in the United States." *American Political Science Review* 114(2): 392-409.

Gray, John. 1986. *Liberalism*. Milton Keynes: Open University Press.

Guirev, Sergei. 2018. "Economic Drivers of Populism." *AEA Papers and Proceedings* 108: 200-203.

Guirev, Sergei, and Daniel Treisman. 2020. "The Popularity of Authoritarian Leaders: A Cross-National Investigation." *World Politics* 72(4): 601-638.

Hacker, Jacob S., and Paul Pierson. 2014. "After the "Master Theory": Downs, Schattschneider, and the Rebirth of Policy-Focused Analysis." *Perspectives on Politics* 12(3): 643-662.

Haggard, Stephan, and Robert Kaufman. 2021a. "The Anatomy of Democratic Backsliding." *Journal of Democracy* 32(4): 27-41.

Haggard, Stephan, and Robert Kaufman. 2021b. *Backsliding: Democratic Regress in the Contemporary World*. New York: Cambridge University Press.

Hamilton, Richard F. 1982. *Who Voted for Hitler?* Princeton: Princeton University Press.

Hogg, Michael A., Christie Meehan, and Jayne Farquharson. 2010. "The Solace of Radicalism: Self-Uncertainty and Group Identification in the Face of Threat." *Journal of Experimental Social Psychology* 46(6): 1061-1066.

Hogg, Michael A., and Janice Adelman. 2013. "Uncertainty-Identity Theory: Extreme Groups, Radical Behavior, and Authoritarian Leadership." *Journal of Social Issues* 69(3): 436-454.

Huntington, Samuel P. 1968. *Political Order in Changing Societies*. New Haven: Yale University Press.

Huntington, Samuel P. 1991. *The Third Wave: Democratization in the Late Twentieth Century*. Norman: University of Oklahoma Press.

Iyengar, Shanto, Gaurav Sood, and Yphtach Lelkes. 2012. "Affect, Not Ideology: A Social Identity Perspective on Polarization." *Public Opinion Quarterly* 76(3): 405-431.

Judis, John B. 2016. *The Populist Explosion: How the Great Recession Transformed American and European Politics*. New York: Columbia Global Reports.

Judis, John B., and Ruy Teixeira. 2002. *The Emerging Democratic Majority*. New York: Scribner.

Kakkar, Hemant, and Niro Sivanathan. 2017. "When the Appeal of a Dominant Leader is Greater than a Prestige Leader." *Proceedings of the National Academy of Sciences* 114(26): 6734-6739.

Krippner, Greta R. 2011. *Capitalizing on Crisis: The Political Origins of the Rise of Finance*. Cambridge: Harvard University Press.

Levitsky, Steven, and Lucan A. Way. 2010. *Competitive Authoritarianism: Hybrid Regimes after the Cold War*. New York: Cambridge University Press.

Levitsky, Steven, and Lucan A. Way. 2022. *Revolution and Dictatorship: The Violent Origins of Durable Authoritarianism*. Princeton: Princeton University Press.

Levitsky, Steven, and Daniel Ziblatt. 2018. *How Democracies Die*. New York: Crown.

Levitsky, Steven, and Daniel Ziblatt. 2023. *Tyranny of the Minority: Why American Democracy Reached the Breaking Point*. New York: Crown.

Levy, Jack S. 1988. "Domestic Politics and War." *Journal of Interdisciplinary History* 18(4): 653-673.

Luebbert, Gregory M. *Liberalism, Fascism, or Social Democracy: Social Classes and the Political Origins of Regimes in Interwar Europe*. New York: Oxford University Press.

Luo, Zhaotian, and Adam Przeworski. 2021. "Democracy and Its Vulnerabilities: Dynamics of Democratic Backsliding." *Quarterly Journal of Political Science*. Forthcoming.

Lynch, Timothy J. 2020. *In the Shadow of the Cold War: American Foreign Policy from George Bush Sr. to Donald Trump*. Cambridge: Cambridge University Press.

Mathias, Peter. 1969. *The First Industrial Nation: An Economic History of Britain 1700-1914*. London: Methuen.

McCall, Leslie, and Ann Shola Orloff. 2017. "The Multidimensional Politics of Inequality: Taking Stock of Identity Politics in the U.S. Presidential Election of 2016." *British Journal of Sociology* 68: S34-S56.

McCarty, Nolan, Keith Poole, and Howard Rosenthal. 2006. *Polarized America*. Cambridge, MA: The MIT Press.

McCoy, Jennifer, Tahmina Rahman, and Murat Somer. 2018. "Polarization and the Global Crisis of Democracy: Common Patterns, Dynamics, and Pernicious Consequences for Democratic Polities." *American Behavioral Scientist* 62: 16-42.

Miller, Gary, and Norman Schofield. 2003. "Activists and Partisan Realignment in the United States." *American Political Science Review* 97(2): 245-260.

Mudde, Cas, and Cristobal Rovira Kaltwasser. 2017. *Populism: A Very Short Introduction*. New York: Oxford University Press.

Narizny, Kevin. 2012. "Anglo-American Primacy and the Global Spread of Democracy: An International Genealogy." *World Politics* 64(2): 341-373.

Norris, Pippa, and Ronald Inglehart. 2019. *Cultural Backlash: Trump, Brexit, and Authoritarian Populism*. New York: Cambridge University Press.

O'Donnell, Guillermo A. 1979. *Modernization and Bureaucratic-Authoritarianism: Studies in South American Politics*. Berkeley, CA: Institute of International Studies, University of California.

O'Donnell, Guillermo A. 1998. "Horizontal Accountability in New Democracies." *Journal of Democracy* 9(3): 112-126.

O'Donnell, Guillermo, and Philippe C. Schmitter. 1986. *Transitions from Authoritarian Rule: Tentative Conclusions about Uncertain Democracies*. Baltimore: Johns Hopkins University Press.

Payne, Stanley G. 1980. *Fascism: Comparison and Definition*. Madison: University of Wisconsin Press.

Pew Research Center. 2021. "Behind Biden's 2020 Victory." June.

Polanyi, Karl. [1944] 1957. *The Great Transformation: The Political and Economic Origins of Our Time*. Boston: Beacon Press.

Przeworski, Adam. 2019. *Crises of Democracy*. Cambridge: Cambridge University Press.

Przeworski, Adam, Susan C. Stokes, and Bernard Manin (eds.). 1999. *Democracy, Accountability and Representation*. New York: Cambridge University Press.

Rapp, Carolin. 2017. "Shaping Tolerant Attitudes Towards Immigrants: The Role of Welfare State Expenditures." *Journal of European Social Policy* 27(1): 40-56.

Reeves, Andrew, and Jon Rogowski. 2022. *No Blank Check: The Origins and Consequences of Public Antipathy towards Presidential Power*. New York: Cambridge University Press.

Rehm, Philipp, Jacob S. Hacker, and Mark Schlesinger. 2012. "Insecure Alliances: Risk, Inequality, and Support for the Welfare State." *American Political Science Review* 106(2): 386-406.

Repucci, Sarah, and Amy Slipowitz. 2022. "The Global Expansion of Authoritarian Rule." https://freedomhouse.org/sites/default/files/2022-02/FIW_2022_PDF_Booklet_Digital_Final_Web.pdf (검색일: 2022년 10월 30일).

Ruggie, John Gerard. 1982. "International regimes, Transactions, and Change: Embedded Liberalism in the Postwar Economic Order." *International Organization* 36(2): 379-415.

Sales, Stephen M. 1972. "Economic Threat as a Determinant of Conversion Rates in Authoritarian and Nonauthoritarian Churches." *Journal of Personality and*

Social Psychology 23(3): 420-428.

Scheve, Kenneth, and David Stasavage. 2006. "Religion and Preferences for Social Insurance." *Quarterly Journal of Social Science* 1(3): 255-286.

Schumpeter, Joseph A. [1943] 2010. *Capitalism, Socialism and Democracy*. London: Routledge.

Shefter, Martin, and Benjamin Ginsberg. 2002. *Politics by Other Means: Politicians, Prosecutors, and the Press from Watergate to Whitewater*. 3rd ed. New York: W.W. Norton & Company.

Shin, Gi-Wook. 2020. "South Korea's Democratic Decay." *Journal of Democracy* 31(3): 100-114.

Sides, John, Chris Tausanovitch, and Lynn Vavreck. 2022. *The Bitter End: The 2020 Presidential Campaign and the Challenge to American Democracy*. Princeton: Princeton University Press.

Smith, Tony. 2012. *America's Mission: The United States and the Worldwide Struggle for Democracy*. Expanded edition. Princeton: Princeton University Press.

Snyder, Jack. 2017. "The Modernization Trap." *Journal of Democracy* 28(2): 77-91.

Snyder, Jack. 2022. *Human Rights for Pragmatists: Social Power in Modern Times*. Princeton: Princeton University Press.

Somer, Murat, and Jennifer McCoy. 2019. "Transformations through Polarizations and Global Threats to Democracy." *The ANNALS of the American Academy of Political and Social Science* 681(1): 8-22.

Stanley, Jason. 2020. *How Fascism Works: The Politics of Us and Them*, Paperback edition. New York: Random House.

Svolik, Milan W. 2019. "Polarization versus Democracy." *Journal of Democracy* 30(3): 20-32.

Tansey, Oisín. 2016. *The International Politics of Authoritarian Rule*. Oxford: Oxford University Press.

Tushnet, Mark. 2004. "Constitutional Hardball." *John Marshall Law Review* 37(2): 523-553.

Vincent, Andrew. 2010. *The Politics of Human Rights*. Oxford: Oxford University Press.

Waldner, David, and Ellen Lust. 2018. "Unwelcome Change: Coming to Terms with Democratic Backsliding." *Annual Review of Political Science* 21: 93-113.

Walker, Christopher, Shanti Kalathil, and Jessica Ludwig. 2020. "The Cutting Edge of Sharp Power." *Journal of Democracy* 31(1): 124-137.

Westad, Odd Arne. 2017. *The Cold War: A World History*. New York: Basic Books.

Whitehead, Laurence. 1986. "International Aspects of Democratization." In *Transitions from Authoritarian Rule: Comparative Perspectives*, edited by Guillermo O'Donnell, Philippe C. Schmitter, and Laurence Whitehead, 3-46. Baltimore: Johns Hopkins University Press.

Woolf, S. J. 1981. "Introduction." in *Fascism in Europe*. Edited by S. J. Woolf. London: Methuen. Originally published as *European Fascism* in 1968.

Yang, Sungik. 2023. "Korea's Fascist Moment: Liberation, War, and the Ideology of South Korean Authoritarianism, 1945–1979." Ph.D. diss., Harvard University.

Zakaria, Fareed. 1997. "The Rise of Illiberal Democracy." *Foreign Affairs* 76(6): 22-43.

이 저서는 2017년 대한민국 교육부와 한국연구재단의
한국사회과학연구(NRF—2017S1A3A2066657)의 지원을 받아 수행한 연구임.

정치연구총서 04

민주주의 위기
글로벌 추세와 한국의 현황

제1판 1쇄 2024년 2월 28일

지은이   조찬수, 권혁용
펴낸이   장세린
편집   배성분, 박을진
디자인   장세영

펴낸곳   (주)버니온더문
등록   2019년 10월 4일(제2020-000051호)
주소   서울특별시 용산구 청파로93길 47
홈페이지   http://bunnyonthemoon.kr
SNS   https://www.instagram.com/bunny201910/
전화   010-3747-0594 팩스 050-5091-0594
이메일   bunny201910@gmail.com

ISBN   979-11-93671-01-6 (94340)
ISBN   979-11-980477-3-1 (세트)